VOCA GRAMMAR

보 카 그 래 머

영단어로 아주 쉽게 배우는 영문법

보카 그래머
영단어로 아주 쉽게 배우는 영문법

발 행 | 2022년 11월 01일
저 자 | 맥캐시, 본투비영어연구소
펴낸곳 | 본투비
출판사등록 | 2022.02.22(제2022-000022호)
주 소 | 경기도 고양시 덕양구 충장로 103번길 23
이메일 | born2behero@naver.com

ISBN | 979-11-6917-267-7

VOCA GRAMMAR

영단어로 아주 쉽게 배우는 영문법

맥캐시, 본투비영어연구소 저

PREFACE

읽기만 하면 술술 외워지는

보카 그래머, 영단어로 아주 쉽게 배우는 영문법

영어회화는 물론, 영작 기초까지 한 번에 해결!

〈보카 그래머, 영단어로 아주 쉽게 배우는 영문법〉은 아래와 같은 증상이 있는 학생 및 수험생, 그리고 영어회화 및 영작을 위한 기초 문법이 부족한 학습자를 위해, 영문법 구성 요소를 하나하나 어휘로 쪼개어 아주 쉽게 배울 수 있도록 구성했다.

"영문법 용어는 너무 어려워."
"영문법만 생각하면 머리가 너무 아파."
"영어 문장을 하나도 못 만들겠어."
"주어, 동사, 목적어, 보어는 도대체 어떻게 찾는 거야?"
"우리말에도 없는 현재완료는 도대체 뭔지 이해가 안 돼."

영문법 용어에 대한 정의나 확인 없이 문법을 배우게 되면, 그때부터 영어 공부는 하기 싫고 재미없는 과목으로 전락하게 된다. 어릴 때부터 영어가 모국어인 원어민 선생님과 함께 요리하고, 노래하고, 춤추면서 배우는 영어는 엄청나게 재미있고 좋았지만, 중학교부터 시작되는 각종 시험을 위해 영문법을 배워야 할 때면 영어는 그때부터 조금씩 멀어지게 된다. 하지만 영어회화는 물론, 각종 시험이나 영작에서 영문법 기초는 빼놓을 수 없다.

<보카 그래머, 영단어로 아주 쉽게 배우는 영문법>을 딱 세 번 정도 정독해 낸다면, 영문법이 하나의 실에 꿰어진 것처럼 저절로 쉽게 이해가 될 것이다.

학생들을 가르치다 보면, 1 등급인 고등학생조차도 영작 및 서술형 문제에서 3 인칭 단수 현재형이나 과거형 동사를 종종 틀리는 경우가 있다. 이렇게 구멍 난 영어 기초 실력은 어휘와 영문법으로 다져야 한다고 설파한다. 그러면 학생들은 용어조차 어려운 영문법을 아주 쉽게 배울 수 있는 방법은 뭐냐고 묻는다.

영어 공부를 하다가 너무 멀리 와버린 학생들의 질문에 답하기 위해 이 책을 집필하게 되었다. 좋아하는 팝송이나 가요를 여러 번 부르다 보면, 자기도 모르게 입에서 저절로 흥얼거리고 있는 경험이 한 번씩은 있을 것이다. 노래 가사처럼, 영문법 또한 단어부터 시작되는 것이니 <보카 그래머>에 수록된 내용을 반복해서 읽다 보면 저절로 이해하고, 술술 외우고 있는 자신을 발견하게 될 것이다.

<보카 그래머, 영단어로 아주 쉽게 배우는 영문법>은 총 3 개의 파트로 분류했고, 가장 기초적인 영문법의 핵심 사항 및 중요한 부분과 학생들이 가장 많이 실수하는 부분은 중복해서 집필했다. 아주 쉽게 이해하고 내 것으로 만들 수 있도록 영문법 기초 내용을 영어 단어로 모두 분류했다. 단어장처럼 반복해서 읽다 보면, 자신도 모르게 영어 기초가 튼튼하게 자리잡아 있을 것이다.

딱! 세 번만 이 책을 완독해 보자. 여러분이 그토록 어려워했던 영어 공부는 더 이상 두렵지 않을 것이며, 영문법 기초 및 영작은 물론, 영어회화 및 각종 시험에서 실력 향상의 발판이 될 것이다.

- 맥캐시(McKathy)

CONTENTS

6

[PART 2] 영단어로 아주 쉽게 배우는 영문법 2

[PART 3] 영단어로 아주 쉽게 배우는 영문법 3

VOCA GRAMMAR

보 카 그 래 머

영단어로 아주 쉽게 배우는 영문법

[PART 1]

be 동사 * 인칭대명사 * 소유대명사

일반동사 * 현재형 * 과거형 * 부정문 * 의문문 * 조동사

♣ 01. be 동사

■ 현재형: am, are, is / 과거형: was, were

am	~이다, ~에 있다
am not	~이 아니다, ~에 있지 않다

are	~이다, ~에 있다
are not	~이 아니다, ~에 있지 않다
aren't	~이 아니다, ~에 있지 않다

* are not 축약형 = aren't

is	~이다, ~에 있다
is not	~이 아니다, ~에 있지 않다
isn't	~이 아니다, ~에 있지 않다

* is not 축약형 = isn't

was	~이었다, ~에 있었다 (am, is 의 과거형)

was not   ~이 아니었다, ~에 있지 않았다

wasn't   ~이 아니었다, ~에 있지 않았다

* was not 축약형 = wasn't

were   ~이었다, ~에 있었다 (are 의 과거형)

were not   ~이 아니었다, ~에 있지 않았다

weren't   ~이 아니었다, ~에 있지 않았다

* were not 축약형 = weren't

⊙.⊙ 잠깐! be 동사란?

be 동사는 "~이다; (~에) 있다"라는 뜻으로, be 동사 뒤에 not 을 붙여 "~가 아니다; (~에) 있지 않다" 등의 부정문을 만든다. 현재형은 **am, are, is** 세 가지가 있고, 과거형은 **was, were** 두 가지가 있다.

be 동사는 앞에 나오는 인칭대명사에 따라 1 인칭, 2 인칭, 3 인칭, 단수, 복수, 현재, 과거에 따라 형태가 달라진다.

I am ~   나는 ~이다, 나는 ~에 있다.

I was ~   나는 ~이었다, 나는 ~에 있었다.

You are ~   너는 ~이다, 너는 ~에 있다.

You were ~   너는 ~이었다, 너는 ~에 있었다.

He is ~	그는 ~이다, 그는 ~에 있다.
He was ~	그는 ~이었다, 그는 ~에 있었다.
She is ~	그녀는 ~이다, 그녀는 ~에 있다.
She was ~	그녀는 ~이었다, 그녀는 ~에 있었다.
It is ~	그것은 ~이다, 그것은 ~에 있다.
It was ~	그것은 ~이었다, 그것은 ~에 있었다.
We are ~	우리들은 ~이다, 우리들은 ~에 있다.
We were ~	우리들은 ~이었다, 우리들은 ~에 있었다.
You are ~	너희들은 ~이다, 너희들은 ~에 있다.
You were ~	너희들은 ~이었다, 너희들은 ~에 있었다.
They are ~	그들은 ~이다, 그들은 ~에 있다.
They were ~	그들은 ~이었다, 그들은 ~에 있었다.

♣ 02. 인칭대명사와 소유대명사

I	나, 나는, 내가
my	나의
me	나를, 나에게
mine	나의 것 (= my thing)

you	너, 너는, 네가 / 당신, 당신은, 당신이
your	너의
you	너를, 너에게
yours	너의 것 (= your thing)

＊ 주격(너는, you)과 목적격(너를, 너에게, you)의 형태가 동일하다.

it	그것, 그것은, 그것이
its	그것의
it	그것을, 그것에게

＊ 주격(그것은, it)과 목적격(그것을, 그것에게, it)의 형태가 동일하며, it의 소유대명사(그것의 것)는 없다.

she	그녀, 그녀는, 그녀가
her	그녀의
her	그녀를, 그녀에게
hers	그녀의 것 (= her thing)

* 소유격(그녀의, her)과 목적격(그녀를, 그녀에게, her)의 형태가 동일하다.

he	그, 그는, 그가
his	그의
him	그를, 그에게
his	그의 것 (= his thing)

* 소유격(그의, his)과 소유대명사(그의 것, his)의 형태가 동일하다.

we	우리, 우리는, 우리가
our	우리의
us	우리를, 우리에게
ours	우리의 것 (= our thing)

you	너희들, 너희들은, 너희들이

your	너희들의
you	너희들을, 너희들에게
yours	너희들의 것 (= your thing)
they	그들, 그들은, 그들이
their	그들의
them	그들, 그들을, 그들에게
theirs	그들의 것 (= their thing)

⊙.⊙ 잠깐! 인칭대명사란?

인칭대명사는 사람이나 사물을 대신해서 쓰는 말로, '나(I)'를 지칭하는 1인칭, '너 또는 너희들(you)'을 지칭하는 2인칭, '나와 너를 제외한 나머지(He, She, It, They)'를 지칭하는 3인칭이 있다.

⊙.⊙ 잠깐! 소유대명사란?

소유대명사는 "~의 것"으로 해석하며, 나의 것(mine), 너의 것(yours), 우리의 것(ours), 그들의 것(theirs)이 있다. 그것(it)은 소유대명사가 없음을 주의하자.

15

♣ 03. 인칭대명사와 be 동사

▣ 인칭대명사 + be 동사 = 주어+동사

I am ~　　　　나는 ~이다, 나는 ~에 있다

I am not ~　　　나는 ~가 아니다, 나는 ~에 있지 않다

I'm not ~　　　나는 ~가 아니다, 나는 ~에 있지 않다

* I am not 축약형 = I'm not

* am not은 축약할 수 없다.

I was ~　　　　나는 ~이었다, 나는 ~에 있었다

I was not ~　　　나는 ~가 아니었다, 나는 ~에 있지 않았다

I wasn't ~　　　나는 ~가 아니었다, 나는 ~에 있지 않았다

* was not 축약형 = wasn't

You are ~　　　너는 ~이다, 너는 ~에 있다

You are not ~　너는 ~가 아니다, 너는 ~에 있지 않다

You aren't ~　　너는 ~가 아니다, 너는 ~에 있지 않다

* are not 축약형 = aren't

You were ~   너는 ~이었다, 너는 ~에 있었다

You were not ~   너는 ~가 아니었다, 너는 ~에 있지 않았다

You weren't ~   너는 ~가 아니었다, 너는 ~에 있지 않았다

* were not 축약형 = weren't

He is ~   그는 ~이다, 그는 ~에 있다

He is not ~   그는 ~가 아니다, 그는 ~에 있지 않다

He isn't ~   그는 ~가 아니다, 그는 ~에 있지 않다

* is not 축약형 = isn't

He was ~   그는 ~이었다, 그는 ~에 있었다

He was not ~   그는 ~가 아니었다, 그는 ~에 있지 않았다

He wasn't ~   그는 ~가 아니었다, 그는 ~에 있지 않았다

She is ~   그녀는 ~이다, 그녀는 ~에 있다

She is not ~   그녀는 ~가 아니다, 그녀는 ~에 있지 않다

She isn't ~   그녀는 ~가 아니다, 그녀는 ~에 있지 않다

She was ~	그녀는 ~이었다, 그녀는 ~에 있었다
She was not ~	그녀는 ~가 아니었다, 그녀는 ~에 있지 않았다
She wasn't ~	그녀는 ~가 아니었다, 그녀는 ~에 있지 않았다
It is ~	그것은 ~이다, 그것은 ~에 있다
It is not ~	그것은 ~가 아니다, 그것은 ~에 있지 않다
It isn't ~	그것은 ~가 아니다, 그것은 ~에 있지 않다
It was ~	그것은 ~이었다, 그것은 ~에 있었다
It was not ~	그것은 ~가 아니었다, 그것은 ~에 있지 않았다
It wasn't ~	그것은 ~가 아니었다, 그것은 ~에 있지 않았다
We are ~	우리는 ~이다, 우리는 ~에 있다
We are not ~	우리는 ~가 아니다, 우리는 ~에 있지 않다
We aren't ~	우리는 ~가 아니다, 우리는 ~에 있지 않다
We were ~	우리는 ~이었다, 우리는 ~에 있었다
We were not ~	우리는 ~가 아니었다, 우리는 ~에 있지 않았다
We weren't ~	우리는 ~가 아니었다, 우리는 ~에 있지 않았다

You are ~   너희는 ~이다, 너희는 ~에 있다

You are not ~   너희는 ~가 아니다, 너희는 ~에 있지 않다

You aren't ~   너희는 ~가 아니다, 너희는 ~에 있지 않다

You were ~   너희는 ~이었다, 너희는 ~에 있었다

You were not ~ 너희는 ~가 아니었다, 너희는 ~에 있지 않았다

You weren't ~ 너희는 ~가 아니었다, 너희는 ~에 있지 않았다

They are ~   그들은 ~이다, 그들은 ~에 있다

They are not ~ 그들은 ~가 아니다, 그들은 ~에 있지 않다

They aren't ~   그들은 ~가 아니다, 그들은 ~에 있지 않다

They were ~   그들은 ~이었다, 그들은 ~에 있었다

They were not ~ 그들은 ~가 아니었다, 그들은 ~에 있지 않았다

They weren't ~ 그들은 ~가 아니었다, 그들은 ~에 있지 않았다

♣ 04. 일반동사의 현재형 Aa-Cc

■ 일반동사의 현재형 vs. 3인칭 단수 현재형(+-s/-es)

agree   ~을 동의하다

agrees   ~을 동의하다

* 3인칭 단수 현재형: 동사원형+s 를 붙인다. He / She agrees ~

answer   대답하다

answers   대답하다

apologize   사과하다

apologizes   사과하다

appear   나타나다

appears   나타나다

arrive   도착하다

arrives   도착하다

attend	~에 다니다, 출석하다
attends	~에 다니다, 출석하다
attract	~을 매혹하다, 끌어당기다
attracts	~을 매혹하다, 끌어당기다
avoid	~을 피하다
avoids	~을 피하다
bake	빵을 굽다
bakes	빵을 굽다
believe	~을 믿다
believes	~을 믿다
block	~을 막다, 방해하다
blocks	~을 막다, 방해하다

book	~을 예약하다
books	~을 예약하다
borrow	~을 빌리다
borrows	~을 빌리다
brush	(이를) 닦다, 솔질하다
brushes	(이를) 닦다, 솔질하다

* 3인칭 단수 현재형: -sh로 끝나면 +es를 붙인다.
He brushes ~   /   She brushes ~

buy	~을 사다
buys	~을 사다

* 3인칭 단수 현재형: 모음 발음(a, e, i, o, u)+y로 끝나면+s를 붙인다.
He buys ~   /   She buys ~

call	~을 부르다; 전화하다
calls	~을 부르다; 전화하다
cancel	취소하다
cancels	취소하다

22

carry	~을 나르다, 운반하다
carries	~을 나르다, 운반하다

* 3인칭 단수 현재형: 자음+-y로 끝나면 y를 빼고+ies를 붙인다.
  He carries ~ / She carries ~

cause	일으키다, 원인이 되다
causes	일으키다, 원인이 되다
celebrate	~을 축하하다
celebrates	~을 축하하다
challenge	도전하다
challenges	도전하다
chase	~을 뒤쫓다
chases	~을 뒤쫓다
check	점검하다, 체크하다
checks	점검하다, 체크하다

clean	청소하다
cleans	청소하다
climb	~을 오르다
climbs	~을 오르다
close	닫다
closes	닫다
cook	~을 요리하다
cooks	~을 요리하다
copy	복사하다
copies	복사하다

* 3인칭 단수 현재형: 자음+-y로 끝나면 y를 빼고+ies를 붙인다.
  He copies ~ / She copies ~

cover	~을 덮다
covers	~을 덮다

crawl	기어 다니다
crawls	기어 다니다

cry	울다
cries	울다

* 3인칭 단수 현재형: 자음+-y 로 끝나면 y 를 빼고+ies 를 붙인다.
He cries ~ / She cries ~

♣ 05. 일반동사의 현재형 Dd-Gg

▣ 일반동사의 현재형 vs. 3인칭 단수 현재형(+-s/-es)

dance	춤추다
dances	춤추다

decide	~을 결정하다
decides	~을 결정하다

declare	~을 선언하다, 공표하다
declares	~을 선언하다, 공표하다

delay	~을 미루다
delays	~을 미루다

* 3인칭 단수 현재형: 모음 발음(a, e, i, o, u)+-y로 끝나면+s를 붙인다.
  He delays ~ / She delays ~

deliver	~을 배달하다
delivers	~을 배달하다

deny	~을 부인하다
denies	~을 부인하다

* 3 인칭 단수 현재형: 자음+-y 로 끝나면 y 를 빼고+ies 를 붙인다.
  He denies ~ / She denies ~

destroy	~을 파괴하다
destroys	~을 파괴하다

* 3 인칭 단수 현재형: 모음 발음(a, e, i, o, u)+-y 로 끝나면+s 를 붙인다.
  He destroys ~ / She destroys ~

die	죽다, 사망하다
dies	죽다, 사망하다

discover	발견하다
discovers	발견하다

do	~을 하다
does	~을 하다

* 3 인칭 단수 현재형: -o 로 끝나면 +es 를 붙인다.
  He does ~ / She does ~

| donate | 기부하다, 기증하다 |
| donates | 기부하다, 기증하다 |

| drop | ~을 떨어뜨리다 |
| drops | ~을 떨어뜨리다 |

| enjoy | ~을 즐기다 |
| enjoys | ~을 즐기다 |

* 3인칭 단수 현재형: 모음 발음(a, e, i, o, u)+-y 로 끝나면+s 를 붙인다.
He enjoys ~ / She enjoys ~

| enter | 들어가다, 입학하다 |
| enters | 들어가다, 입학하다 |

| envy | ~을 부러워하다 |
| envies | ~을 부러워하다 |

* 3인칭 단수 현재형: 자음+-y 로 끝나면 y 를 빼고+ies 를 붙인다.
He envies ~ / She envies ~

| expect | ~을 기대하다, 예상하다 |
| expects | ~을 기대하다, 예상하다 |

fail	실패하다, (시험에) 떨어지다
fails	실패하다, (시험에) 떨어지다
fill	채우다, 가득 차다
fills	채우다, 가득 차다
finish	끝나다
finishes	끝나다

* 3인칭 단수 현재형: -sh로 끝나면 +es를 붙인다.
He finishes ~ / She finishes ~

fit	~에 맞다, 적합하다
fits	~에 맞다, 적합하다
float	뜨다, 떠오르다
floats	뜨다, 떠오르다
follow	~을 따라가다
follows	~을 따라가다

forecast	예고하다
forecasts	예고하다
gain	얻다, 얻게 되다
gains	얻다, 얻게 되다
get	받다, 얻다, 구하다
gets	받다, 얻다, 구하다
go	가다
goes	가다

* 3 인칭 단수 현재형: -o 로 끝나면 +es 를 붙인다.
  He goes ~ / She goes ~

♣ 06. 일반동사의 현재형 Hh-Nn

■ 일반동사의 현재형 vs. 3인칭 단수 현재형(+-s/-es)

hate	~을 싫어하다, 미워하다
hates	~을 싫어하다, 미워하다

hurry	서두르다
hurries	서두르다

* 3인칭 단수 현재형: 자음+-y로 끝나면 y를 빼고+ies를 붙인다.

impress	~을 감동시키다
impresses	~을 감동시키다

* 3인칭 단수 현재형: -s, -ss로 끝나면 +es를 붙인다.

improve	~을 향상시키다
improves	~을 향상시키다

invent	~을 발명하다
invents	~을 발명하다

invite	~을 초대하다
invites	~을 초대하다
jog	조깅하다
jogs	조깅하다
join	~에 참가하다
joins	~에 참가하다
jump	뛰다, 뛰어오르다
jumps	뛰다, 뛰어오르다
like	~을 좋아하다
likes	~을 좋아하다
listen	듣다, 청취하다
listens	듣다, 청취하다

live	살다, 거주하다
lives	살다, 거주하다

look	~을 보다
looks	~을 보다

marry	~와 결혼하다
marries	~와 결혼하다

* 3인칭 단수 현재형: 자음+-y로 끝나면 y를 빼고+ies를 붙인다.

miss	~을 그리워하다
misses	~을 그리워하다

* 3인칭 단수 현재형: -s, -ss로 끝나면 +es를 붙인다.

move	이사하다, 움직이다
moves	이사하다, 움직이다

need	~을 필요로 하다
needs	~을 필요로 하다

♣ 07. 일반동사의 현재형 Oo-Ss

■ 일반동사의 현재형 vs. 3인칭 단수 현재형(+-s/-es)

order   ~을 주문하다

orders   ~을 주문하다

overlook   ~을 내려다보다, 내다보다

overlooks   ~을 내려다보다, 내다보다

owe   ~을 빚지고 있다

owes   ~을 빚지고 있다

paint   칠하다, 그리다

paints   칠하다, 그리다

pass   합격하다, ~을 통과하다

passes   합격하다, ~을 통과하다

* 3인칭 단수 현재형: -s, -ss로 끝나면 +es를 붙인다.

pay	지불하다
pays	지불하다

* 3 인칭 단수 현재형: 모음 발음(a, e, i, o, u)+-y 로 끝나면+s 를 붙인다.

plan	계획하다
plans	계획하다

practice	연습하다, 실행하다
practices	연습하다, 실행하다

prepare	~을 준비하다
prepares	~을 준비하다

pronounce	~을 발음하다
pronounces	~을 발음하다

publish	~을 출판하다
publishes	~을 출판하다

* 3 인칭 단수 현재형: -sh 로 끝나면 +es 를 붙인다.

pull	끌다, 끌어당기다
pulls	끌다, 끌어당기다
push	밀다
pushes	밀다

* 3인칭 단수 현재형: -sh로 끝나면 +es를 붙인다.

receive	~을 받다
receives	~을 받다
refuse	~을 거절하다
refuses	~을 거절하다
repair	~을 수리하다
repairs	~을 수리하다
return	~을 반납하다, 돌려주다
returns	~을 반납하다, 돌려주다

save	~을 모으다, 저축하다
saves	~을 모으다, 저축하다

say	말하다
says	말하다

* 3인칭 단수 현재형: 모음 발음(a, e, i, o, u)+-y로 끝나면+s를 붙인다.

seem	~처럼 보이다, ~인 것 같다
seems	~처럼 보이다, ~인 것 같다

sew	바느질하다
sews	바느질하다

share	~을 함께 쓰다, 나누다
shares	~을 함께 쓰다, 나누다

show	보여 주다
shows	보여 주다

solve	~을 풀다, 해결하다
solves	~을 풀다, 해결하다
start	시작하다
starts	시작하다
stay	~에 머무르다
stays	~에 머무르다

* 3인칭 단수 현재형: 모음 발음(a, e, i, o, u)+-y로 끝나면+s를 붙인다.

store	보관하다, 저장하다
stores	보관하다, 저장하다
succeed	성공하다
succeeds	성공하다
surround	둘러싸다
surrounds	둘러싸다

♣ 08. 일반동사의 현재형 Tt-Yy

■ 일반동사의 현재형 vs. 3인칭 단수 현재형(+-s/-es)

taste   맛이 ~하다

tastes   맛이 ~하다

teach   가르치다

teaches   가르치다

* 3인칭 단수 현재형: -ch로 끝나면 +es를 붙인다.

touch   만지다, 감동시키다

touches   만지다, 감동시키다

treat   ~을 대접하다

treats   ~을 대접하다

try   ~하려고 노력하다; 시도하다

tries   ~하려고 노력하다; 시도하다

* 3인칭 단수 현재형: 자음+-y로 끝나면 y를 빼고+ies를 붙인다.

visit	방문하다
visits	방문하다
wait	~을 기다리다
waits	~을 기다리다
wake	일어나다
wakes	일어나다
walk	걷다, (동물을) 산책시키다
walks	걷다, (동물을) 산책시키다
watch	~을 보다
watches	~을 보다

* 3인칭 단수 현재형: -ch로 끝나면 +es를 붙인다.

water	(식물 등에) 물을 주다
waters	(식물 등에) 물을 주다

work	일하다, 작동하다
works	일하다, 작동하다
worry	걱정하다
worries	걱정하다

* 3인칭 단수 현재형: 자음+-y 로 끝나면 y 를 빼고+ies 를 붙인다.

yell	소리치다
yells	소리치다

⊙.⊙ 잠깐! 일반동사란?

일반동사란 '먹다, 자다, 놀다(eat, sleep, play)' 등과 같이 동작을 나타내거나 '되다, 원하다, 알다, 이해하다(become, want, know, understand)' 등과 같이 생각, 필요, 감정, 소유 등의 상태를 나타내는 동사를 말한다. 참고로, be동사(am, are, is / was, were)와 조동사(can, may...)를 제외한 나머지 동사를 일반동사라고 한다.

▶ **일반동사의 현재형**
   I, You, We, They 가 주어로 오면 현재형 동사는 원형 그대로 쓴다.
   (예) act 행동하다   I act / You act / We act / They act~

▶ **3인칭 단수 현재형**
   She, He, It 가 주어로 오면 동사원형에 -s 또는 -es 를 붙인다.
   (예) acts 행동하다   She acts / He acts / It acts~

♣ 09. 일반동사의 과거형(규칙 변화) Aa-Nn

▣ 일반동사의 현재형 vs. 일반동사의 과거형(+-ed/-d)

agree   ~을 동의하다

agreed   ~을 동의했다

* 일반동사의 과거형: 동사원형에 -ed 를 붙인다. -e 로 끝나는 단어는 -d 만
붙인다.

answer   대답하다

answered   대답했다

apologize   사과하다

apologized 사과했다

appear   나타나다

appeared   나타났다

arrive   도착하다

arrived   도착했다

attend	~에 다니다, 참석하다, 출석하다
attended	~에 다녔다, 참석했다, 출석했다
attract	~을 매혹하다, 끌어당기다
attracted	~을 매혹했다, 끌어당겼다
avoid	~을 피하다
avoided	~을 피했다
bake	빵을 굽다
baked	빵을 구웠다
believe	~을 믿다
believed	~을 믿었다
block	~을 막다, 방해하다
blocked	~을 막았다, 방해했다

book	~을 예약하다
booked	~을 예약했다
borrow	~을 빌리다
borrowed	~을 빌렸다
brush	(이를) 닦다, 솔질하다
brushed	(이를) 닦았다, 솔질했다
call	~를 부르다; 전화하다
called	~를 불렀다; 전화했다
cancel	취소하다
canceled	취소했다 (또는 cancelled)
carry	~을 나르다, 운반하다
carried	~을 날랐다, 운반했다

* 일반동사의 과거형: 자음+y 로 끝나면 -y 를 빼고 -ied 를 붙인다.

cause	일으키다, 원인이 되다
caused	일으켰다, 원인이 되었다
celebrate	~을 축하하다
celebrated	~을 축하했다
challenge	도전하다
challenged	도전했다
chase	~을 뒤쫓다
chased	~을 뒤쫓았다
check	점검하다, 체크하다
checked	점검했다, 체크했다
clean	청소하다
cleaned	청소했다

climb	~을 오르다
climbed	~을 올라갔다
close	닫다
closed	닫았다
cook	~을 요리하다
cooked	~을 요리했다
copy	복사하다
copied	복사했다

* 일반동사의 과거형: 자음+y 로 끝나면 -y 를 빼고 -ied 를 붙인다.

cover	~을 덮다
covered	~을 덮었다
crawl	기어 다니다
crawled	기어 다녔다

cry	울다
cried	울었다

* 일반동사의 과거형: 자음+y 로 끝나면 -y 를 빼고 -ied 를 붙인다.

dance	춤추다
danced	춤을 추었다

decide	~을 결정하다
decided	~을 결정했다

declare	~을 선언하다, 공표하다
declared	~을 선언했다, 공표했다

delay	~을 미루다
delayed	~을 미루었다

* 일반동사의 과거형: 모음(a, e, i, o, u)+y 로 끝나면 동사원형에 -ed 를 붙인다.

deliver	~을 배달하다
delivered	~을 배달했다

deny   ~을 부인하다, 부정하다

denied   ~을 부인했다, 부정했다

* 일반동사의 과거형: 자음+y 로 끝나면 -y 를 빼고 -ied 를 붙인다.

destroy   ~을 파괴하다

destroyed   ~을 파괴했다

* 일반동사의 과거형: 모음(o)+y 로 끝나면 동사원형에 -ed 를 붙인다.

die   죽다, 사망하다

died   죽었다, 사망했다

discover   발견하다

discovered   발견했다

donate   기부하다, 기증하다

donated   기부했다, 기증했다

drop   ~을 떨어뜨리다

dropped   ~을 떨어뜨렸다

* 일반동사의 과거형: 모음 하나(o)+자음(p)으로 끝나면 자음(p)을 하나 더 붙이고 -ed 를 붙인다.

enjoy	~을 즐기다
enjoyed	~을 즐겼다

* 일반동사의 과거형: 모음(o)+y 로 끝나면 동사원형에 -ed 를 붙인다.

enter	들어가다, 입학하다
entered	들어갔다, 입학했다

envy	~을 부러워하다
envied	~을 부러워했다

*일반동사의 과거형: 자음+y 로 끝나면 -y 를 빼고 -ied 를 붙인다.

expect	~을 기대하다, 예상하다
expected	~을 기대했다, 예상했다

fail	실패하다, (시험에) 떨어지다
failed	실패했다, (시험에) 떨어졌다

fill	채우다, 가득 차다
filled	채웠다, 가득 찼다

finish	끝나다
finished	끝났다
fit	~에 꼭 맞다, 적합하다
fitted	~에 꼭 맞았다, 적합했다 (또는 fit)

* 일반동사의 과거형: 모음 하나(i)+자음(t)으로 끝나면 자음(t)을 하나 더 붙이고 -ed 를 붙인다.

* fit 의 과거형은 규칙, 불규칙 변화 모두 가능하다. fit - fitted 또는 fit - fit

float	(물에) 뜨다, 떠오르다
floated	(물에) 떴다, 떠올랐다
follow	~을 따라가다
followed	~을 따라갔다
gain	얻다
gained	얻었다
hate	~을 싫어하다, 미워하다
hated	~을 싫어했다, 미워했다

hurry	서두르다
hurried	서둘렀다

* 일반동사의 과거형: 자음+y 로 끝나면 -y 를 빼고 -ied 를 붙인다.

impress	~을 감동시키다
impressed	~을 감동시켰다

improve	~을 향상시키다
improved	~을 향상시켰다

invent	~을 발명하다
invented	~을 발명했다

invite	~을 초대하다
invited	~을 초대했다

jog	조깅하다
jogged	조깅했다

* 일반동사의 과거형: 모음 하나(o)+자음(g)으로 끝나면 자음(g)을 하나 더
붙이고 -ed 를 붙인다.

join	~에 참가하다
joined	~에 참가했다
jump	뛰다, 뛰어오르다
jumped	뛰었다, 뛰어올랐다
like	~을 좋아하다
liked	~을 좋아했다
listen	듣다, 청취하다
listened	들었다, 청취했다
live	살다, 거주하다
lived	살았다, 거주했다
lock	~을 잠그다, 갇히다
locked	~을 잠궜다, 갇혔다

look	~을 보다
looked	~을 보았다

marry	~와 결혼하다
married	~와 결혼했다

* 일반동사의 과거형: 자음+y 로 끝나면 -y 를 빼고 -ied 를 붙인다.

miss	~을 그리워하다
missed	~을 그리워했다

move	이사하다, 움직이다, 이동하다
moved	이사했다, 움직였다, 이동했다

need	~을 필요로 하다
needed	~을 필요로 했다

♣ 10. 일반동사의 과거형(규칙 변화) Oo-Yy

■ 일반동사의 현재형 vs. 일반동사의 과거형(+-ed/-d)

order   ~을 주문하다

ordered   ~을 주문했다

overlook   ~을 내려다보다, 내다보다

overlooked   ~을 내려다보았다, 내다보았다

owe   ~을 빚지고 있다

owed   ~을 빚지고 있었다

paint   칠하다, 그리다

painted   칠했다, 그렸다

pass   합격하다, ~을 통과하다

passed   합격했다, ~을 통과했다

pay	지불하다
payed	지불했다

* 일반동사의 과거형: 모음(a)+y로 끝나면 동사원형에 -ed를 붙인다.

plan	계획하다
planned	계획했다

* 일반동사의 과거형: 모음 하나(a)+자음(n)으로 끝나면 자음(n)을 하나 더 붙이고 -ed를 붙인다.

practice	연습하다, 실행하다
practiced	연습했다, 실행했다

prepare	~을 준비하다
prepared	~을 준비했다

pronounce	~을 발음하다
pronounced	~을 발음했다

publish	~을 출판하다
published	~을 출판했다

pull	끌다, 끌어당기다
pulled	끌었다, 끌어당겼다
push	밀다
pushed	밀었다
receive	~을 받다
received	~을 받았다
refuse	~을 거절하다
refused	~을 거절했다
repair	~을 수리하다
repaired	~을 수리했다
return	~을 반납하다, 돌려주다
returned	~을 반납했다, 돌려주었다

save	~을 모으다, 저축하다
saved	~을 모았다, 저축했다
seem	~처럼 보이다, ~인 것 같다
seemed	~처럼 보였다, ~인 것 같았다
sew	(옷 등을) 꿰매다
sewed	(옷 등을) 꿰맸다
share	~을 함께 쓰다, 나누다
shared	~을 함께 썼다, 나누었다
show	보여 주다
showed	보여 주었다
solve	~을 풀다, 해결하다
solved	~을 풀었다, 해결했다

sow	씨를 뿌리다
sowed	씨를 뿌렸다

start	시작하다
started	시작했다

stay	~에 머무르다
stayed	~에 머물렀다

* 일반동사의 과거형: 모음(a)+y 로 끝나면 동사원형에 -ed 를 붙인다.

store	보관하다, 저장하다
stored	보관했다, 저장했다

succeed	성공하다
succeeded	성공했다

surround	둘러싸다
surrounded	둘러쌌다

swell	부풀다, 증가시키다
swelled	부풀었다, 증가시켰다
taste	맛이 ~하다
tasted	맛이 ~했다
touch	만지다, 감동시키다
touched	만졌다, 감동시켰다
treat	~을 대접하다
treated	~을 대접했다
try	~하려고 노력하다; 시도하다
tried	~하려고 노력했다; 시도했다

* 일반동사의 과거형: 자음+y로 끝나면 -y를 빼고 -ied를 붙인다.

visit	방문하다
visited	방문했다

wait	~을 기다리다
waited	~을 기다렸다
walk	걷다, (동물을) 산책시키다
walked	걸었다, (동물을) 산책시켰다
watch	~을 보다
watched	~을 보았다
work	일하다, 작동하다
worked	일했다, 작동했다
worry	걱정하다
worried	걱정했다

* 일반동사의 과거형: 자음+y로 끝나면 -y를 빼고 -ied를 붙인다.

yell	소리치다
yelled	소리쳤다

♣ 11. 일반동사의 과거형(불규칙 변화) Aa-LI

▣ 일반동사의 현재형 vs. 일반동사의 과거형(불규칙)

arise	일어나다
arose	일어났다

awake	(잠에서) 깨우다, 깨다
awoke	깨웠다, 깼다

be	~이다, ~에 있다
was / were	~이었다, ~에 있었다

* be 동사 : 현재형 am/are/is, 과거형 was/were
* was : am, is 의 과거형   * were : are 의 과거형

bear	낳다
bore	낳았다

beat	때리다
beat	때렸다 (현재형 = 과거형)

become	되다
become	되다
became	되었다

| begin | 시작하다 |
| began | 시작했다 |

| bend | 구부리다 |
| bent | 구부렸다 |

| bet | (돈을) 걸다 |
| bet | (돈을) 걸었다 (현재형 = 과거형) |

| bid | 값을 매기다, 입찰하다 |
| bid | 값을 매겼다, 입찰했다 (현재형 = 과거형) |

| bind | 구부리다, 감다 |
| bound | 구부렸다, 감았다 |

bite	물다
bit	물었다
bleed	피를 흘리다
bled	피를 흘렸다
blow	(바람이) 불다
blew	(바람이) 불었다
break	깨다, 부수다
broke	깼다, 부쉈다
breed	(새끼를) 낳다
bred	(새끼를) 낳았다
bring	가져오다
brought	가져왔다

broadcast	방송하다
broadcast	방송했다 (현재형 = 과거형)
build	세우다
built	세웠다
burn	(불)타다, 태우다
burnt	탔다, 태웠다 (또는 burned)
burst	터뜨리다
burst	터뜨렸다 (현재형 = 과거형)
buy	~을 사다
bought	~을 샀다
cast	던지다
cast	던졌다 (현재형 = 과거형)

catch	붙잡다
caught	붙잡았다
choose	고르다, 선택하다
chose	골랐다, 선택했다
cling	달라붙다, 집착하다
clung	달라붙었다, 집착했다
come	오다
came	왔다
cost	(금액이) 들다
cost	(금액이) 들었다 (현재형 = 과거형)
creep	기다
crept	기었다

cut	자르다
cut	잘랐다 (현재형 = 과거형)
deal	다루다, 취급하다
dealt	다루었다, 취급했다
dig	(땅을) 파다
dug	(땅을) 팠다
dive	(물속으로) 뛰어들다
dove	뛰어들었다 (또는 dived)
do	하다
did	했다
draw	끌어당기다
drew	끌어당겼다

dream	꿈꾸다
dreamt	꿈꾸었다 (또는 dreamed)
drink	마시다
drank	마셨다
drive	운전하다
drove	운전했다
dwell	살다, 거주하다
dwelt	살았다, 거주했다 (또는 dwelled)
eat	먹다
ate	먹었다
fall	떨어지다, 넘어지다
fell	떨어졌다, 넘어졌다

feed	먹이다, 기르다
fed	먹였다, 길렀다

feel	느끼다
felt	느꼈다

fight	싸우다
fought	싸웠다

find	발견하다
found	발견했다

fit	~에 꼭 맞다
fit	~에 꼭 맞았다 (또는 fitted)

flee	도망치다
fled	도망쳤다

fling	내던지다
flung	내던졌다
fly	날다, 날리다
flew	날았다, 날렸다
forbid	금지하다
forbade	금지했다
forget	잊다
forgot	잊었다
forgive	용서하다
forgave	용서했다
freeze	얼다, 얼리다
froze	얼었다, 얼렸다

get	받다, 얻다
got	받았다, 얻었다
give	주다
gave	주었다
go	가다
went	갔다
grind	갈다
ground	갈았다
grow	자라다
grew	자랐다
hang	매달다, 매달려 있다; 교수형에 처하다
hung	매달았다, 매달려 있었다

c.f.)교수형에 처했다: hanged

have	가지고 있다, 먹다
had	가지고 있었다, 먹었다

* have 의 3 인칭 단수 현재형: has

hear	듣다
heard	들었다

hide	숨기다
hid	숨겼다

hit	때리다
hit	때렸다 (현재형 = 과거형)

hold	붙잡고 있다
held	붙잡고 있었다

hurt	상처를 입히다, 아프다
hurt	상처를 입혔다, 아팠다 (현재형 = 과거형)

keep	유지하다
kept	유지했다
kneel	무릎을 꿇다
knelt	무릎을 꿇었다 (또는 kneeled)
know	알다
knew	알았다
lay	~을 …에 두다
laid	~을 …에 두었다
lead	(앞장서서) 이끌다
led	(앞장서서) 이끌었다
learn	배우다
learnt	배웠다 (또는 learned)

leave	떠나다
left	떠났다
lend	빌려 주다
lent	빌려 주었다
let	…에게 ~을 시키다
let	…에게 ~을 시켰다 (현재형 = 과거형)
lie	눕다
lay	누웠다
light	불을 붙이다
lit	불을 붙였다 (또는 lighted)
lose	잃다
lost	잃었다

♣ 12. 일반동사의 과거형(불규칙 변화) Mm-Ww

■ 일반동사의 현재형 vs. 일반동사의 과거형(불규칙)

make	만들다
made	만들었다
mean	의미하다
meant	의미했다
meet	만나다
met	만났다
mistake	오해하다, 착각하다
mistook	오해했다, 착각했다
pay	지불하다
paid	지불했다

put	~을 ~에 놓다
put	~을 ~에 놓았다 (현재형 = 과거형)
quit	…을 그만두다
quit	…을 그만두었다 (또는 quitted)
read	읽다 *발음: 뤼이드[ri:d]
read	읽었다 (현재형 = 과거형) *발음 주의: 뤠드[red]
ride	(탈것에) 타다
rode	(탈것에) 탔다
ring	(벨이) 울리다
rang	(벨이) 울렸다
rise	(해, 달이) 뜨다
rose	(해, 달이) 떴다

run	뛰다
ran	뛰었다
say	말하다
said	말했다
see	보다
saw	보았다
seek	찾다, 추구하다
sought	찾았다, 추구했다
sell	팔다
sold	팔았다
send	보내다
sent	보냈다

set	놓다
set	놓았다 (현재형 = 과거형)
shake	흔들다
shook	흔들었다
shed	(눈물, 피 등을) 흘리다
shed	(눈물, 피 등을) 흘렸다 (현재형 = 과거형)
shine	빛나다
shone	빛났다
shoot	쏘다
shot	쏘았다
shrink	(천이) 오그라들다, 줄어들다
shrank	(천이) 오그라들었다, 줄어들었다

shut	닫다
shut	닫았다 (현재형 = 과거형)
sing	노래하다
sang	노래했다
sink	가라앉다
sank	가라앉았다
sit	앉다
sat	앉았다
sleep	자다
slept	잤다
slide	미끄러지다
slid	미끄러졌다

smell	냄새 맡다
smelt	냄새를 맡았다 (또는 smelled)
speak	말하다
spoke	말했다
speed	급속하게 진행하다
sped	급속하게 진행했다 (또는 speeded)
spell	철자를 말하다, 주문을 외우다
spelt	철자를 말했다, 주문을 외웠다 (또는 spelled)
spend	(돈, 시간 등을) 쓰다
spent	(돈, 시간 등을) 썼다
spill	엎지르다, 흩뜨리다
spilt	엎질렀다, 흩뜨렸다 (또는 spilled)

spin	돌리다
spun	돌렸다
spit	(침을) 뱉다
spit	(침을) 뱉었다 (또는 spat)
split	쪼개다
split	쪼갰다 (현재형 = 과거형)
spread	펼치다
spread	펼쳤다 (현재형 = 과거형)
spring	튀다, 뛰어오르다
sprang	튀었다, 뛰어올랐다
stand	서 있다, 참다
stood	서 있었다, 참았다

steal	훔치다
stole	훔쳤다
stick	찌르다, 붙이다
stuck	찔렀다, 붙였다
sting	쏘다, 찌르다
stung	쏘았다, 찔렀다
stride	큰 걸음으로 걷다
strode	큰 걸음으로 걸었다
strike	때리다, 치다
struck	때렸다, 쳤다
string	실을 꿰다
strung	실을 꿰었다

strive	노력하다, 힘쓰다
strove	노력했다, 힘썼다
swear	맹세하다
swore	맹세했다
sweep	쓸다, 청소하다
swept	쓸었다, 청소했다
swim	수영하다
swam	수영했다
swing	흔들다, 그네를 타다
swung	흔들었다, 그네를 탔다
take	잡다
took	잡았다

teach	가르치다
taught	가르쳤다
tear	찢다
tore	찢었다
tell	말하다
told	말했다
think	생각하다
thought	생각했다
throw	던지다
threw	던졌다
thrust	밀어붙이다
thrust	밀어붙였다 (현재형 = 과거형)

tread	밟다, 짓밟다
trod	밟았다, 짓밟았다
understand	이해하다
understood	이해했다
undertake	(책임을) 맡다, 착수하다
undertook	(책임을) 맡았다, 착수했다
wake	(잠에서) 깨다
woke	(잠에서) 깼다
wear	입다
wore	입었다
weave	(천을) 짜다
wove	(천을) 짰다

weep	울다, 눈물을 흘리며 애통해 하다
wept	울었다, 눈물을 흘리며 애통해 했다
win	이기다, (상을) 받다
won	이겼다, (상을) 받았다
wind	굽이치다, 휘감다
wound	굽이쳤다, 휘감았다
withdraw	물러나다
withdrew	물러났다
write	쓰다
wrote	썼다

⊙.⊙ 잠깐! 일반동사의 과거형이란?

일반동사의 과거형은 동사원형에 -d 또는 -ed 를 붙이는 규칙 변화와 단어
를 외울 수밖에 없는 불규칙 변화가 있다.

♣ 13. 일반동사의 부정문 만들기: 현재 vs. 과거

◼ 현재시제의 부정문

: (I / You / We/ They) **do not [don't]** + 동사원형

 (He / She / It) **does not [doesn't]** + 동사원형

◼ 과거시제의 부정문

: **did not [didn't]** + 동사원형

answer	대답하다
don't answer	대답하지 않다
doesn't answer	대답하지 않다
didn't answer	대답하지 않았다
arrive	도착하다
don't arrive	도착하지 않다
doesn't arrive	도착하지 않다
didn't arrive	도착하지 않았다

begin	시작하다
don't begin	시작하지 않다
doesn't begin	시작하지 않다
didn't begin	시작하지 않았다
believe	~을 믿다
don't believe	~을 믿지 않다
doesn't believe	~을 믿지 않다
didn't believe	~을 믿지 않았다
write	~을 쓰다
don't write	~을 쓰지 않다
doesn't write	~을 쓰지 않다
didn't write	~을 쓰지 않았다

♣ 14. 일반동사의 부정문 만들기: 현재

▣ 현재시제의 부정문: 주어+do/does+not+동사원형

◈ 주어가 1인칭(I), 2인칭(You), 복수(We, You, They)일 때

: 주어+do not [don't]+동사원형

I don't have ~	나는 ~을 가지고 있지 않다.
You don't have ~	너는(너희들은) ~을 가지고 있지 않다.
We don't have ~	우리는 ~을 가지고 있지 않다.
They don't have ~	그들은 ~을 가지고 있지 않다.

◈ 주어가 3인칭 단수(He, She, It)일 때

: 주어+does not [doesn't]+동사원형

He doesn't have ~	그는 ~을 가지고 있지 않다.
Tom doesn't have ~	톰은 ~을 가지고 있지 않다.
She doesn't have ~	그녀는 ~을 가지고 있지 않다.
Mary doesn't have ~	매리는 ~을 가지고 있지 않다.
It doesn't have ~	그것은 ~을 가지고 있지 않다.

♣ 15. 일반동사의 부정문 만들기: 과거

▣ 과거시제의 부정문: 주어+did not [didn't]+동사원형

I didn't have ~	나는 ~을 가지고 있지 않았다.
You didn't have ~	너는 ~을 가지고 있지 않았다.
He didn't have ~	그는 ~을 가지고 있지 않았다.
Tom didn't have ~	톰은 ~을 가지고 있지 않았다.
She didn't have ~	그녀는 ~을 가지고 있지 않았다.
Mary didn't have ~	매리는 ~을 가지고 있지 않았다.
It didn't have ~	그것은 ~을 가지고 있지 않았다.
We didn't have ~	우리는 ~을 가지고 있지 않았다.
You didn't have ~	너희들은 ~을 가지고 있지 않았다.
They didn't have ~	그들은 ~을 가지고 있지 않았다.

⊙.⊙ 잠깐! <u>축약형 참고</u>

do not = don't / does not = doesn't / did not = didn't

♣ 16. 일반동사의 의문문 만들기: 현재

■ 현재시제의 의문문: Do/Does+주어+동사원형~?

◆ 주어가 1인칭(I), 2인칭(You), 복수(We, You, They)일 때
: Do+주어+동사원형~?

Do I have ~?	내가 ~을 가지고 있니?
Do you have ~?	너는 ~을 가지고 있니?
Do we have ~?	우리가 ~을 가지고 있니?
Do they have ~?	그들이 ~을 가지고 있니?

◆ 주어가 3인칭 단수(He, She, It)일 때
: Does+주어+동사원형~?

Does he have ~?	그가 ~을 가지고 있니?
Does Tom have ~?	톰이 ~을 가지고 있니?
Does she have ~?	그녀가 ~을 가지고 있니?
Does Mary have ~?	매리가 ~을 가지고 있니?
Does it have ~?	그것이 ~을 가지고 있니?

♣ 17. 일반동사의 의문문 만들기: 과거

■ 과거시제의 의문문: Did+주어+동사원형~?

Did I have ~?	내가 ~을 가지고 있었니?
Did you have ~?	너는 ~을 가지고 있었니?

Did he have ~?	그가 ~을 가지고 있었니?
Did Tom have ~?	톰이 ~을 가지고 있었니?

Did she have ~?	그녀가 ~을 가지고 있었니?
Did Mary have ~?	매리가 ~을 가지고 있었니?
Did it have ~?	그것이 ~을 가지고 있었니?

Did you have ~?	너희들이 ~을 가지고 있었니?
Did we have ~?	우리가 ~을 가지고 있었니?
Did they have ~?	그들이 ~을 가지고 있었니?

♣ 18. 조동사

◼ can

(가능) ~할 수 있다, (능력) ~할 줄 알다 (=be able to)

can be	~가 될 수 있다
can leave	떠날 수 있다
can tell	~라는 것을 알 수 있다
can run	달릴 수 있다

cannot (= cannot = can't) ~할 수 없다

can't be	~일 리가 없다
cannot live	살아갈 수 없다
can hardly	~하는 것이 거의 불가능하다

(∗ hardly : 거의~할 수 없다)

cannot have p.p.	~했을 리가 없다, ~이었을 리가 없다
cannot help -ing	~하지 않을 수 없다
cannot but + 동사원형	~하지 않을 수 없다
Can you help~?	도와줄래? / 도와줄 수 있니?

■ could

~할 수 있다(있었다 / 있을 것이다); ~해도 좋다; ~할 수 있었을 텐데; ~해 주시겠습니까; can 의 과거형으로 쓰임

could be	그럴 수도 있다
could leave	떠날 수도 있다(있었다)
could not	~할 수 없었다 (= couldn't)
could not leave	떠날 수 없었다
could have p.p.	~할 수 있었을 텐데 (그렇게 하지 못했다)
Could you help~?	도와주시겠습니까? (Can보다 정중한 표현)

■ may

(허락, 허가) ~해도 좋다; (가능성) ~일지도 모른다

may go	가도 좋다
may be right	맞을지도 모른다
may not	~가 아닐지도 모른다
may not be right	맞지 않을지도 모른다

◼ might

(허락, 허가) ~해도 좋다; (가능성) ~일지도 모른다; may 의 과거형
으로 쓰임

might be	~일지도 모른다
might be able to	~할 수 있을지도 모른다
might have p.p.	~했을지도 모른다
might well	~하는 것도 당연하다
might as well	~하는 편이 낫다

◼ will

(미래) ~할 것이다 (=be going to); (의지) ~하겠다, ~할 작정이다;
(제안, 요청) ~해줄래?

will go	~갈 것이다
will be rainy	비가 올 것이다
will not be	~하지 않을 것이다 (will not=won't)
Will you ~?	~해줄래? 해줄래요?

■ would

(제안, 요청) ~해주시겠어요?; (가정, 상상) ~일 것이다(할 것이다);
will 의 과거형으로 쓰임

Would you ~?　　　　~해주시겠어요?

　　　　　　　　　　　(will 보다 좀 더 정중한 표현)

would like to + 동사원형 ~하고 싶다

would rather + 동사원형 차라리 ~하는 것이 낫겠다

■ should

(조언, 충고) ~해야 한다 (=ought to); (추측) ~일 것이다

should visit　　　　　방문해야 한다

should not　　　　　~해서는 안 된다
　　　　　　　　　　(= shouldn't = ought not to)

should have p.p.　　~했어야 했는데
　　　　　　　　　(결국) 그렇게 하지 못했다

shouldn't have p.p.　~하지 말았어야 했는데
　　　　　　　　　　(결국) 그렇게 했다

◼ had better + 동사원형

(경고, 충고) ~하는 편이 낫다

had better go	가는 편이 낫다
had better not + 동사원형	~하지 않는 편이 낫다
had better not go	가지 않는 편이 낫다

◼ must

(강한 의무) ~해야 한다(= have to)

must be	(강한 추측) ~임에 틀림없다
must not	(금지) ~해서는 안 된다
	(* don't have to ~할 필요가 없다)
must have p.p.	~했음에 틀림없다
must not have p.p.	~하지 않았음에 틀림없다

◉.◉ 잠깐! 조동사란?

조동사는 동사를 도와 보충해 주는 말로, 가능, 추측, 허가, 부탁, 미래 등의 의미를 갖는다. 주어의 인칭이나 단수, 복수에 따라 형태가 변하지 않으며, 조동사 뒤에는 항상 동사원형이 와야 한다. (조동사+동사원형)

VOCA GRAMMAR
보 카 그 래 머
영단어로 아주 쉽게 배우는 영문법

[PART 2]

셀 수 있는 명사 * 셀 수 없는 명사

지시대명사 * 인칭대명사 * 소유대명사 * 재귀대명사

부정대명사 * 비인칭대명사 * 의문사 * to 부정사 * 동명사

♧♣ 01. 셀 수 있는 명사

: 셀 수 있는 명사란 "하나, 둘, 셋 등으로 셀 수 있는" 사물, 사람, 장소 등의 명사를 말한다.

◨ 명사의 복수형 [규칙 1]

: -s 나 -es 를 붙인다.

girl   소녀

girls   소녀들

teacher   선생님

teachers   선생님들

animal   동물

animals   동물들

plant   식물; 화분

plants   식물들; 화분들

book	책
books	책들
pen	펜
pens	펜들
thing	물건
things	물건들
park	공원
parks	공원들
school	학교
schools	학교들
place	장소
places	장소들

▣ 명사의 복수형 [규칙 2]

: -(s)s, -sh, -ch, -x 로 끝나면 -es 를 붙인다.

bus   버스

buses   버스들

class   클래스, 수업

classes   수업들

dish   접시

dishes   접시들

brush   브러쉬, 빗

brushes   브러쉬들, 빗들

bench   벤치, 긴 의자

benches   벤치들, 긴 의자들

watch	(손목)시계
watches	(손목)시계들

box	박스, 상자
boxes	박스들, 상자들

fox	여우
foxes	여우들

■ 명사의 복수형 [규칙 3]

: 자음+o 로 끝나면 -es 를 붙인다.

tomato	토마토
tomatoes	토마토들

potato	감자
potatoes	감자들

hero	영웅
heroes	영웅들

[예외] 자음+o 로 끝난 명사에 -s 만 붙는 경우

piano 피아노	pianos 피아노들
photo 사진	photos 사진들
memo 메모	memos 메모들

▣ 명사의 복수형 [규칙 4]

: 모음(a, e, i, o, u)+o 로 끝나면 -s 를 붙인다.

zoo	동물원
zoos	동물원들

kangaroo	캥거루
kangaroos	캥거루들

video	비디오
videos	비디오들

radio	라디오
radios	라디오들

▣ 명사의 복수형 [규칙 5]

: 자음+y 로 끝나면 -y 를 빼고 -ies 를 붙인다.

city	도시
cities	도시들

lady	숙녀
ladies	숙녀들

story	이야기
stories	이야기들

reply	응답, 대답
replies	응답들, 대답들

▣ 명사의 복수형 [규칙 6]

: -f(e)로 끝나면 -fe)를 빼고 -ves 를 붙인다.

life	인생
lives	인생들

wife	아내
wives	아내들

leaf	나뭇잎
leaves	나뭇잎들

knife	나이프, 칼
knives	나이프들, 칼들

thief	도둑
thieves	도둑들

wolf	늑대
wolves	늑대들

[예외] -f 로 끝나는 명사+s 만 붙이는 경우

roof 지붕	roofs 지붕들
cliff 절벽	cliffs 절벽들
chief 상관, 우두머리	chiefs 상관들, 우두머리들

◼ 명사의 복수형 (불규칙 변화)

: 불규칙 변화는 많이 보고, 소리 내어 읽으면서 익혀야 한다.

goose	거위
geese	거위들

foot	발
feet	발들
tooth	치아, 이빨
teeth	치아들, 이빨들
man	남자
men	남자들
woman	여자
women	여자들
mouse	생쥐
mice	생쥐들
ox	황소
oxen	황소들

child	아이
children	아이들
bacterium	박테리아, 세균
bacteria	박테리아들, 세균들
medium	매체, 미디어
media	매체들, 미디어(들)
crisis	위기
crises	위기들
oasis	오아시스
oases	오아시스들

▣ 명사의 단수형 = 복수형

fish	물고기
fish	물고기들 (또는 fishes)
salmon	연어
salmon	연어들
deer	사슴
deer	사슴들
sheep	양
sheep	양들
series	시리즈
series	시리즈들
species	종, 종족들
species	종들, 종족들

⊙.⊙ 잠깐! 명사란?

명사는 사람, 동/식물 등의 생물이나 장소 등의 이름을 나타내거나 추상적인 개념 등을 나타낸다.

◈ 사람

Tom, Boram, boy, girl, father, mother, man, woman, teacher, student, people, etc

톰, 보람, 소년, 소녀, 아버지, 어머니, 남자, 여자, 선생님, 학생, 사람들 등

◈ 동/식물

cat, dog, iguana, snake, monkey, animal, flower, grass, tree, plant, etc

고양이, 개, 이구아나, 뱀, 원숭이, 동물, 꽃, 잔디, 나무, 식물 등

◈ 사물

book, pen, pencil, TV, table, chair, shirt, dress, pants, glasses, thing, etc

책, 펜, 연필, TV, 테이블, 의자, 셔츠, 드레스, 바지, 안경, 물건 등

◈ 장소

park, zoo, police office, hospital, classroom, music room, playground, school, London, Paris, etc

공원, 동물원, 경찰서, 병원, 교실, 음악실, 운동장, 학교, 런던, 파리 등

◈ 추상적인 것

love, justice, truth, happiness, friendship, etc

사랑, 정의, 진실, 행복, 우정 등

♧♣ 02. 셀 수 없는 명사

: 한 개, 두 개, 세 개 등으로 셀 수 "없는" 명사는 항상 "단수"로
취급한다.

▣ 물, 액체

water	물
milk	우유
tea	차
juice	주스
oil	오일, 기름
coffee	커피

▣ 기체

gas	가스, 기체
air	공기
fog	안개
oxygen	산소
smoke	연기
steam	증기, 수증기

■ 작은 입자

salt	소금
sugar	설탕
flour	밀가루
pepper	후추
rice	쌀
corn	옥수수(낱알), 곡물
sand	모래

■ 물건이나 물질의 재료

gold	금
silver	은
copper	동
iron	철
paper	종이
bread	빵
cheese	치즈
meat	고기

◪ 비슷한 품목으로 구성된 집합체

mail	우편
money	돈
furniture	가구
equipment	도구
clothing	의류
baggage	짐, 수하물
luggage	짐, 수하물

◪ 추상적인 개념

happiness	행복
truth	진실
courage	용기
pride	자부심
peace	평화
knowledge	지식
information	정보

■ 언어 및 과목

English   영어

Chinese   중국어

Japanese   일본어

French   프랑스어

Spanish   스페인어

mathematics   수학 (= math)

economics   경제학

ethics   윤리학

politics   정치학

physics   물리학

statistics   통계학

♧♣ 03. 셀 수 없는 명사를 세는 방법

: 셀 수 없는 명사를 수량으로 세려면, 담는 용기나 계량 단위를 사용하여 표현한다.

◼ water 물

a glass of water   물 한 잔

two glasses of water   물 두 잔

three glasses of water   물 세 잔

little water   아주 적은 양의 물

a little water   물 조금

much water   많은 양의 물

a lot of water   많은 양의 물(= **lots of** water)

plenty of water   많은 양의 물

◼ juice 주스

a glass of juice   주스 한 잔

two glasses of juice   주스 두 잔

three glasses of juice   주스 세 잔

little juice	아주 적은 양의 주스
a little juice	주스 조금
much juice	많은 양의 주스
a lot of juice	많은 양의 주스 (= **lots of** juice)
plenty of juice	많은 양의 주스

◼ milk 우유

a carton of milk	우유 한 팩
two cartons of milk	우유 두 팩
three cartons of milk	우유 세 팩
little milk	아주 적은 양의 우유
a little milk	우유 조금
much milk	많은 양의 우유
a lot of milk	많은 양의 우유 (= **lots of** milk)
plenty of milk	많은 양의 우유

■ rice 밥, 쌀

a bowl of rice	밥 한 그릇
two bowls of rice	밥 두 그릇
three bowls of rice	밥 세 그릇
little rice	아주 적은 양의 밥
a little rice	밥 조금
much rice	많은 양의 밥
a lot of rice	많은 양의 밥 (= **lots of** rice)
plenty of rice	많은 양의 밥

■ meat 고기

a pound of meat	고기 1 파운드
two pounds of meat	고기 2 파운드
three pounds of meat	고기 3 파운드
little meat	아주 적은 양의 고기
a little meat	고기 조금
much meat	많은 양의 고기
a lot of meat	많은 양의 고기 (= **lots of** meat)
plenty of meat	많은 양의 고기

■ bread 빵

a loaf of bread	빵 한 덩어리
two loaves of bread	빵 두 덩어리
three loaves of bread	빵 세 덩어리
little bread	아주 적은 양의 빵
a little bread	빵 조금
much bread	많은 양의 빵
a lot of bread	많은 양의 빵 (= **lots of** bread)
plenty of bread	많은 양의 빵

■ cheese 치즈

a slice of cheese	치즈 한 장
two slices of cheese	치즈 두 장
three slices of cheese	치즈 세 장
little cheese	아주 적은 양의 치즈
a little cheese	치즈 조금
much cheese	많은 양의 치즈
a lot of cheese	많은 양의 치즈 (= **lots of** cheese)
plenty of cheese	많은 양의 치즈

■ paper 종이

a piece of paper	한 장의 종이
two pieces of paper	두 장의 종이
three pieces of paper	세 장의 종이
little paper	아주 적은 양의 종이
a little paper	종이 조금
much paper	많은 양의 종이
a lot of paper	많은 양의 종이 (= **lots of** paper)
plenty of paper	많은 양의 종이

■ pizza 피자

a piece of pizza	한 조각의 피자
two pieces of pizza	두 조각의 피자
three pieces of pizza	세 조각의 피자
little pizza	아주 적은 양의 피자
a little pizza	피자 조금
much pizza	많은 양의 피자
a lot of pizza	많은 양의 피자 (= **lots of** pizza)
plenty of pizza	많은 양의 피자

♧♣ 04. 셀 수 없는 명사 vs. 셀 수 있는 명사

: 셀 수 없는 명사가 셀 수 있는 명사로 쓰일 때 의미가 바뀌는 경우가 있다. 셀 수 있는 명사로 바뀔 때는 명사 앞에 'a 나 an을 붙여 하나'를 나타낸다.

glass 유리   **a glass** 유리잔

paper 종이   **a paper** 신문, 논문

coffee 커피   **a coffee** 한 잔의 커피 (a cup of coffee)

iron 철   **an iron** 다리미

light 햇빛   **a light** 전등(불빛)

hair 털, 머리털   **a hair** 머리카락 한 가닥

♧♣ 05. 지시대명사

: 이것, 저것 지시하고 가리키는 지시대명사는 this, that, these, those 딱 4 개 밖에 없다.

this   이것, 이 사람

This is ~   이것은 ~이다, 이 사람은 ~이다

that   저것, 저 사람

That is ~   저것은 ~이다, 저 사람은 ~이다

these   이것들, 이 사람들

These are ~   이것들은 ~이다, 이 사람들은 ~이다

those   저것들, 저 사람들

Those are ~   저것들은 ~이다, 저 사람들은 ~이다

◉.◉ 잠깐! 지시대명사란?

지시대명사는 이것, 저것, 이 사람, 저 사람 등으로 가까이 또는 멀리 있는 사람이나 사물을 대신해서 쓰는 말이다. this, that 은 단수, these, those 는 복수이다.

♣♣ 06. 인칭대명사, 소유대명사

I	나, 나는, 내가 (주격)
my	나의 (소유격)
me	나를, 나에게 (목적격)
mine	나의 것 (소유대명사)

* my book 나의 책 = mine 내 것, 나의 것

you	너, 너는, 네가 / 당신, 당신은, 당신이 (주격)
your	너의 (소유격)
you	너를, 너에게 (목적격)
yours	너의 것 (소유대명사)

* your book 너의 책 = yours 네 것, 너의 것
* you 는 주격(너는; you)과 목적격(너를; you)의 형태가 동일하다.

it	그것, 그것은, 그것이 (주격)
its	그것의 (소유격)
it	그것을, 그것에게 (목적격)

* it 은 주격(그것은; it)과 목적격(그것을; it)의 형태가 동일하다. it 은 소유대 명사가 없다.

she	그녀, 그녀는, 그녀가 (주격)
her	그녀의 (소유격)
her	그녀를, 그녀에게 (목적격)
hers	그녀의 것 (소유대명사)

* her book 그녀의 책 = hers 그녀의 것
* her 는 소유격(그녀의; her)과 목적격(그녀를; her)의 형태가 동일하다.

he	그, 그는, 그가 (주격)
his	그의 (소유격)
him	그를, 그에게 (목적격)
his	그의 것 (소유대명사)

* his book 그의 책 = his 그의 것
* his 는 소유격(그의; his)과 소유대명사(그의 것; his)의 형태가 동일하다.

we	우리, 우리는, 우리가 (주격)
our	우리의 (소유격)
us	우리를, 우리에게 (목적격)
ours	우리의 것 (소유대명사)

* our book 우리의 책 = ours 우리의 것

you	너희들, 너희들은, 너희들이 (주격)
your	너희들의 (소유격)
you	너희들을, 너희들에게
yours	너희들의 것 (소유대명사)

* your book 너희들의 책 = yours 너희들의 것

they	그들, 그들은, 그들이 (주격)
their	그들의 (소유격)
them	그들, 그들을, 그들에게 (목적격)
theirs	그들의 것 (소유대명사)

* their book 그들의 책 = theirs 그들의 것

⊙.⊙ 잠깐! 인칭대명사란?

인칭대명사는 사람 또는 사물을 대신해서 쓰는 말로, '나(I)'를 지칭하는 1인칭, '너 또는 너희들(you)'을 지칭하는 2인칭, '나와 너를 제외한 나머지(He, She, It, They)'를 지칭하는 3인칭이 있다.

⊙.⊙ 잠깐! 소유대명사란?

소유대명사는 누구의 소유인지를 나타내는 것으로, '~의 것'이라는 의미로 나타내며, '대명사의 소유격(예: my)+명사(예: book)'으로 대신할 수 있다. it은 소유대명사가 없다.

♧♣ 07. 재귀대명사

I	나
myself	나 스스로
by myself	홀로

you	너
yourself	너 스스로
for yourself	혼자 힘으로
Help yourself.	마음껏 드세요.
Make yourself at home.	편하게 계세요.

he	그
himself	그 스스로
hurt himself	다치다

she	그녀
herself	그녀 스스로
talk to herself	혼잣말하다

it	그것
itself	그것 스스로
of itself	저절로

we	우리
ourselves	우리들 스스로
enjoy ourselves	즐거운 시간을 보내다

you	너희들
yourselves	너희들 스스로
introduce yourselves	너희 자신들을 소개하다

they	그들
themselves	그들 스스로
do it themselves	그들 스스로 해내다

⊙.⊙ 잠깐! 재귀대명사란?

재귀대명사는 '자신 스스로'라는 뜻으로 인칭대명사의 소유격(my, your, her, our)이나 목적격(him, them)에 -self, -selves 를 붙인다.

♣♣ 08. 부정대명사

one	하나, 불특정한 하나
ones	여러 개, 불특정한 것들

it	그것, 앞에서 언급한 것 하나
them	그것들, 앞에서 언급된 것들

the other	(두 개 중) 다른 하나
one ~ the other ~	하나는 ~, 다른 하나는 ~

one	하나
another	또 다른 하나
the others	나머지 모두

some	몇몇, 일부
others	또 다른 몇몇, 일부

somebody	어느 누군가 (주로 긍정문에 쓰임)
anybody	어느 누군가 (주로 부정문, 의문문에 쓰임)
nobody	어느 누구도 (= not ~ anybody)

something	어떤 것 (주로 긍정문에 쓰임)
anything	어떤 것 (주로 부정문, 의문문에 쓰임)
nothing	아무 것도 (아니다) (= not anything)

all	모든
all people	모든 사람들

each	각각, 각자 (뒤에 단수)
Each student is ~	각각의 학생은 ~이다
Each student has ~	각각의 학생은 ~를 가지고 있다

every	모든 (뒤에 단수)
Every student is ~	모든 학생들은 ~이다
Every student has ~	모든 학생들은 ~를 가지고 있다

both	둘 다
both A and B	A와 B 둘 다

either	둘 중 어느 한 쪽
either A or B	A 나 B 둘 중에 하나

neither	둘 중 어느 쪽도 아닌
neither A nor B	A 나 B 둘 중 어느 쪽도 아닌

⊙.⊙ 잠깐! 부정대명사란?

부정대명사는 딱히 정해지지 않은 대명사로, 불특정한 사물이나 사람을 가리킬 때 사용된다.

♣♣ 09. 비인칭 대명사 it

It is 5 o'clock now.	지금 5 시야. (시간)
It is rainy.	비가 와. (날씨)
It is Monday.	월요일이야. (요일)
It is May 5th.	5 월 5 일이야. (날짜)
It is summer.	여름이야. (계절)
It is dark.	어두워. (명암: 밝고 어두움)
It takes about 5 hours.	약 5 시간이 걸려. (거리)

◉.◉ 잠깐! 비인칭 대명사란?

시간, 날씨, 요일, 날짜, 계절, 명암, 거리 등을 나타내는 말로, 어느 인칭에도 속하지 않고, 해석도 하지 않는 대명사 it 을 가리킨다.

♧♣ 10. 의문문에 쓰이는 의문사

■ who 누구, 누가

Who is it?   누구세요? (누군가 초인종을 눌렀을 때)

Who is she?   그녀는 누구니?

■ whose 누구의

Whose watch is this?   이것은 누구의 시계니?

Whose ball is that?   저것은 누구의 공이니?

■ what 무엇, 무엇을, 어떤

What is it?   그것은 무엇이니?

What are you doing?   너는 무엇을 하고 있니?

■ where 어디서

Where are you from?   너는 어디서 왔니? (출신, 국적을 물을 때)

Where is he now?   그는 지금 어디에 있니?

■ **when** 언제

When is your birthday?　　　너의 생일이 언제니?

When are you coming?　　　너는 언제 오니?

■ **why** 왜

Why are you late?　　　너는 왜 늦니?

Why are you doing that?　　　왜 그렇게 하고 있니?

■ **which** 어떤

which one　　　어떤 것

Which one is yours?　　　어떤 것이 너의 것이니?

■ **how** 어떻게, 얼마나

How are you?　　　어떻게 지내니?

How does it taste?　　　맛이 어떠니?

■ **how many** 얼마나 많은 (수)

How many hours?　　　얼마나 많은 시간?

How many pencils are there?　　　얼마나 많은 연필이 있니?

■ **how much** 얼마나 많은 (양)

How much money?   얼마나 많은 돈?

How much water is there?   얼마나 많은 물이 있니?

■ **how long** 얼마나 오래 (시간), 얼마나 긴 (길이)

How long does it take?   (시간이) 얼마나 걸리니?

How long is it?   (길이가) 얼마나 기니?

■ **how far** 얼마나 멀리 (거리)

How far is it from here?   여기서부터 얼마나 머니?

♧♣ 11. 감탄문에 쓰이는 의문사

■ **What**+a+형+명 (+주+동)! 얼마나 ~한가!

What a pretty girl!

What a pretty girl (she is)!　　　얼마나 예쁜 소녀인가!

What a cute cat!

What a cute cat (it is)!　　　얼마나 귀여운 고양이인가!

What a good boy!

What a good boy (he is)!　　　얼마나 착한(좋은) 소년인가!

■ **How**+형 (+주+동)! 얼마나 ~한가!

How pretty!

How pretty (she is)!　　　(그녀는) 얼마나 예쁜가!

How cute!

How cute (the cat is)!　　　(그 고양이는) 얼마나 귀여운가!

How good!

How good (he is)!   (그는) 얼마나 착한가(좋은가)!

◉.◉ 잠깐! 감탄문이란?

감탄문은 말하는 사람이 상대방을 의식하지 않고, 놀라거나 감동한 느낌을
표현하는 문장으로, 문장 맨 마지막에는 느낌표를 쓴다.

* 형 = 형용사, 명 = 명사, 주 = 주어, 동 = 동사

♧♣ 12. 권유문에 쓰이는 의문사

◪ **What** about ~ing ?   ~하는 게 어때?

What about <u>calling</u> him?   그에게 전화하는 게 어때?

What about <u>visiting</u> with us?   우리와 함께 방문하는 게 어때?

◪ **How** about ~ing ?   ~하는 게 어때?

How about talk**ing** about it?   그것에 대해 이야기하는 게 어때?

How about listen**ing** to music?   음악을 듣는 게 어때?

◪ **Why** don't you 동사원형 ~?   ~하는 게 어때?

Why don't you stay home?   집에 있는 게 어때?

Why don't you ask him?   그에게 물어보는 게 어때?

♧♣ 13. 명사처럼 쓰이는 to 부정사

▣ 명사 역할: 주어(~하는 것은, ~하는 것이)

To see is ~   보는 것이 ~이다

To learn English is ~   영어를 배우는 것은 ~이다

To exercise everyday is ~   매일 운동하는 것은 ~이다

It is easy **to learn** ~   ~을 배우는 것은 쉽다

* it 은 가주어(가짜 주어) / to learn~ 이하가 진주어(진짜 주어)

▣ 명사 역할: 목적어(~하는 것을)

want **to go**   가는 것을 원하다

want not **to go**   가지 않기를 원하다

ask **to see**   만날 것을 요청하다

ask not **to see**   만나지 말 것을 요청하다

decide **to go**   갈 것을(가기로) 결심하다

decide not **to go**   가지 않기로 결심하다

136

afford **to do**	~할 여유가 있다
afford not **to do**	~할 여유가 없다
agree **to do**	~을 하기로 동의하다
agree not **to do**	~을 하지 않기로 동의하다
choose **to do**	~을 하기로 선택하다
choose not **to do**	~을 하지 않기로 선택하다
expect **to do**	~할 것을 기대하다
expect not **to do**	~하지 않을 것을 기대하다
hope **to do**	~하기를 바라다
hope not **to do**	~하지 않기를 바라다
wish **to do**	~하기를 바라다
wish not **to do**	~하지 않기를 바라다

learn **to do**	~하는 것을 배우다
learn not **to do**	~하지 않는 것을 배우다
need **to do**	~하는 것을 필요로 하다
need not **to do**	~하지 않는 것을 필요로 하다
offer **to do**	~하는 것을 제공하다
offer not **to do**	~하지 않는 것을 제공하다
plan **to do**	~할 것을 계획하다
plan not **to do**	~하지 않을 것을 계획하다

◨ **명사 역할: 보어(~하는 것이다)**

~ is **to believe**.	~(하는 것이) 믿는 것이다.
~ is **to help** you.	~(하는 것이) 너를 돕는 것이다.

■ 명사 역할: 의문사 + to 부정사 : 주어, 목적어, 보어로 쓰임

what to do   무엇을 할지 / ~하는 것

when to go   언제 갈지

how to do   어떻게 할지

which to choose   어느 것을 고를지

where to go   어디로 가야 할지

* 참고: (X) why to do 는 쓰지 않으므로 주의하자!

⊙.⊙ 잠깐!   명사처럼 쓰이는 to 부정사란?

: to 부정사의 형태는 'to+동사원형'을 쓰며, to 부정사가 명사처럼 쓰일 때는 주어(~하는 것은, ~하는 것이) / 목적어(~하는 것을) / 보어(~하는 것이다)로 쓰인다.

♧♣ 14. 형용사처럼 쓰이는 to 부정사

▣ 형용사 역할: '~하는/~할' 의미로 명사 수식

water **to drink**	마실 물
something **to eat**	먹을 (어떤) 것

time **to go**	갈 시간
money **to spend**	쓸 돈
a book **to read**	읽을 책

a house **to live** in	살 집
a pen **to write** with	쓸 펜

◉.◉ 잠깐! 형용사처럼 쓰이는 to 부정사란?

: to 부정사가 형용사처럼 쓰일 때는 '~하는, ~할'이라는 의미로, 주로 명사 뒤에 쓰이면서 명사를 수식하는 형용사 역할을 한다.

♧♣ 15. 부사처럼 쓰이는 to 부정사

■ 부사 역할: ~하기 위해서

go shopping **to buy** ~   ~을 사기 위해서 쇼핑가다

go to school **to meet** ~   ~를 만나기 위해서 학교에 가다

go to France **to study** ~   ~을 공부하기 위해서 프랑스에 가다

run fast **to catch** ~   ~을 잡기 위해 빨리 뛰다

come here **to say** ~   ~라고 말하기 위해 여기 오다

go there **to practice** ~   ~을 연습하기 위해 거기 가다

■ 부사 역할 [~하다니]

is kind **to help** ~   ~를 돕다니 친절하다

must be nice **to help** ~   ~를 돕다니 친절함에 틀림없다

is silly **to believe** ~   ~을 믿다니 어리석다

must be silly **to believe** it ~   ~을 믿다니 어리석음에 틀림없다

▣ 부사 역할: ~해서, ~하게 되어

happy **to see** you	너를 만나서 행복해
glad **to meet** you	너를 만나서 기뻐
excited **to go** there	거기에 가게 되어 신나
surprised **to see** him	그를 보게 되어 놀라다
sad **to hear** the news	그 소식을 듣게 되어 슬프다

▣ 부사 역할: '~하기에 ~한'의 의미로 형용사 수식

good **to eat**	먹기에 좋은
easy **to read**	읽기에 쉬운
difficult **to find**	찾기에 어려운
great **to visit**	방문하기에 멋진
heavy **to move**	옮기기에 무거운

⊙.⊙ 잠깐! <u>부사처럼 쓰이는 to 부정사란?</u>

: to 부정사가 부사처럼 쓰일 때는 '~하기 위해서'라는 의미로 많이 쓰이며, 형용사 뒤에서 '~하다니, ~해서, ~하기에 ~한' 등의 의미로 쓰인다.

♧♣ 16. to 부정사의 관용표현

■ **in order to+동사원형: ~하기 위해서**

go shopping **in order to buy** ~   ~을 사기 위해 쇼핑 가다

go to school **in order to meet** ~ ~를 만나기 위해 학교에 가다

go to Paris **in order to study** ~   ~을 공부하기 위해 파리에 가다

■ **too+형용사+to 동사원형: 너무 ~해서 ~할 수 없다**

too <u>weak</u> **to move**   너무 약해서 옮길 수 없다

too <u>late</u> **to go**   너무 늦어서 갈 수 없다

too <u>young</u> **to go**   너무 어려서 갈 수 없다

too <u>small</u> **to ride**   너무 작아서 탈 수 없다

■ **enough+명사+to 동사원형: ~할 만큼 충분한~**

enough <u>money</u> **to buy** ~   ~을 살 만큼 충분한 돈

enough <u>money</u> **to spend** ~   ~을 쓸 만큼 충분한 돈

enough <u>food</u> **to share** ~   ~을 나눌 만큼 충분한 음식

enough <u>food</u> **to eat** ~   ~을 먹을 만큼 충분한 음식

enough <u>time</u> **to study** ~	~을 공부할 만큼 충분한 시간
enough <u>time</u> **to finish** ~	~을 끝낼 만큼 충분한 시간

■ **형용사+enough+to 동사원형: ~할 만큼 충분히 ~한**

<u>cold</u> **enough to wear** ~	~을 입을 만큼 충분히 날씨가 추운
<u>warm</u> **enough to drink** ~	~을 마실 만큼 충분히 따뜻한
<u>strong</u> **enough to move** ~	~을 옮길 만큼 충분히 힘센
<u>rich</u> **enough to buy** ~	~을 살 만큼 충분히 돈이 많은
<u>old</u> **enough to go** ~	~에 갈 만큼 충분히 나이 든
<u>tall</u> **enough to enter** ~	~에 들어갈 만큼 충분히 키가 큰

⊙.⊙ 잠깐! <u>to 부정사의 관용표현은?</u>

: 시험에 항상 등장하는 to 부정사의 관용표현은 여러 번 입으로 소리 내어 읽다 보면 자연스럽게 암기가 된다. 시험장에서 바로바로 꺼내 쓸 수 있도록 여러 번 읽고 암기해 두자.

♧♣ 17. 주어로 쓰이는 동명사

Eating snacks <u>is</u> ~	스낵을 먹는 것은 ~이다
Speaking English <u>is</u> ~	영어로 말하는 것은 ~이다
Writing essays <u>makes</u> ~	에세이를 쓰는 것은 ~하게 한다
Spending money <u>makes</u> ~	돈을 쓰는 것은 ~하게 한다
Reading books <u>is</u> good for ~	책을 읽는 것은 ~에 좋다
<u>Not</u> **having** breakfast <u>is</u> ~	아침을 먹지 않는 것은 ~이다

* 부정문은 동명사 앞에 not 을 붙이고, 동명사 주어는 단수 취급한다.

⊙.⊙ 잠깐! 동명사란?

동명사는 동사원형에 -ing 를 붙인 형태로, 명사처럼 주어, 목적어, 보어의 역할을 한다. 부정문은 동명사 앞에 not 을 붙여 만든다.

주어로 쓰이는 동명사는 주어 자리에 오면서 '~하는 것은, ~하는 것이'라는 의미로 쓰이며, 동명사 주어는 단수로 취급한다.

♧♣ 18. 목적어로 쓰이는 동명사

love **singing** ~	노래하는 것을 매우 좋아하다
enjoy **eating** ~	먹는 것을 즐기다
mind **going** out ~	밖에 나가는 것을 꺼리다
avoid **touching** ~	만지는 것을 피하다
finish **studying** ~	공부하는 것을 끝내다
quit **doing** ~	~하는 것을 끝내다
give up **sending** ~	보내는 것을 포기하다
deny **using** ~	~을 사용하는 것을 부인하다
consider **giving** up ~	포기하는 것을 고려하다
suggest **reading** ~	읽는 것을 제안하다
delay **calling** ~	전화하는 것을 미루다
postpone **writing** ~	쓰는 것을 미루다, 연기하다

keep (on) **playing** the piano 피아노 연주하는 것을 계속하다

go on **talking** about ~ ~ 에 대해 이야기하는 것을 계속하다

⊙.⊙ 잠깐! 목적어로 쓰이는 동명사란?

목적어로 쓰이는 동명사는 목적어 자리에 오면서 '~하는 것을'이라는 의미로 쓰인다. 또한 목적어로 쓰이는 동명사는 시험에 자주 등장하는 것으로, 어떤 동사 뒤에 동명사가 목적어로 오는지 잘 암기해 두어야 한다.

love, enjoy, mind, avoid, finish, quit, give up, deny, consider, suggest, delay, postpone, keep, go on 등의 동사 뒤에는 동명사(-ing)가 목적어로 나오는 것이 시험에서 자주 나오는 핵심 포인트이니, 여러 번 소리 내어 읽으면서 머릿속에 저장해 두자.

♧♣ 19. 보어로 쓰이는 동명사

My job is **helping** ~   내 직업은 ~를 돕는 것이다.

My hobby is **writing** ~   내 취미는 ~를 쓰는 것이다.

His job is **teaching** ~   그의 직업은 ~를 가르치는 것이다.

His hobby is **traveling** ~ 그의 취미는 ~를 여행하는 것이다.

◉.◉ 잠깐! 보어로 쓰이는 동명사란?

보어로 쓰이는 동명사는 보어 자리에 오면서 '~하는 것이다'라는 의미로 쓰인다. 같은 -ing 형태로 be 동사 뒤에 오면서 '~하는 중이다'라는 의미로 쓰이는 현재진행형과 구분할 수 있어야 한다.

(예)

His job **is teaching** English. (동명사)

그의 직업은 영어를 <u>가르치는 것이다</u>.

He **is teaching** English.   (현재진행)

그는 영어를 <u>가르치고 있다</u>.

♣♣ 20. 동명사의 관용표현

be good at ~ing	~을 잘하다
be poor at ~ing	~을 못하다, 서투르다
be busy ~ing	~하느라 바쁘다
be worth ~ing	~할 가치가 있다
be used to ~ing	~에 익숙하다
get used to ~ing	~에 익숙하다
be accustomed to ~ing	~에 익숙하다
get accustomed to ~ing	~에 익숙해지다, 익숙하다
go ~ing	~하러 가다
feel like ~ing	~하고 싶다
object to ~ing	~에 반대하다
cannot help ~ing	~하지 않을 수 없다
	(= cannot but + 동사원형)

have trouble ~ing   ~하는 데 어려움을 겪다

have difficulty (in) ~ing ~하는 데 어려움을 겪다

◉.◉ 잠깐! <u>동명사의 관용표현을 쉽게 외우는 방법은?</u>

: 동명사의 관용표현은 ~ing 까지 소리 내어 여러 번 반복해서 읽으면 입과 귀, 머릿속에 오랫동안 기억해 둘 수 있다. 그렇게 하면, 시험장이나 원어민과의 대화에서 언제든지 꺼내 쓸 수 있다.

♧♣ 21. to 부정사 vs. 동명사

◼ 의미가 바뀌지 않는 to 부정사 vs. 동명사

like to+동사원형   ~하는 것을 좋아하다
like ~ing   ~하는 것을 좋아하다

love to+동사원형   ~하는 것을 사랑하다 (매우 좋아하다)
love ~ing   ~하는 것을 사랑하다 (매우 좋아하다)

hate to+동사원형   ~하는 것을 싫어하다
hate ~ing   ~하는 것을 싫어하다

prefer to+동사원형   ~하는 것을 선호하다
prefer ~ing   ~하는 것을 선호하다

begin to+동사원형   ~하는 것을 시작하다
begin ~ing   ~하는 것을 시작하다

start to+동사원형	~하는 것을 시작하다
start ~ing	~하는 것을 시작하다

▣ 의미가 바뀌는 to 부정사 vs. 동명사

forget to+동사원형	(앞으로 해야) ~할 것을 잊어버리다
forget ~ing	(이미 과거에) ~했던 것을 잊어버리다

remember to+동사원형	(앞으로 해야) ~할 것을 기억하다
remember ~ing	(이미 과거에) ~했던 것을 기억하다

regret to+동사원형	~하게 되어 유감이다
regret ~ing	(이미 과거에) ~했던 것을 후회하다

try to+동사원형	~을 하려고 노력하다
try ~ing	~을 시도하다, 해보다

VOCA GRAMMAR
보 카 그 래 머
영단어로 아주 쉽게 배우는 영문법

[PART 3]

동사의 시제 * 현재 * 현재진행 * 과거 * 과거진행

동사의 변화 * 규칙 변화 * 불규칙 변화 * 현재완료

감각동사 * 지각동사 * 사역동사 * 수여동사

능동태 * 수동태 * 형용사 * 부사 * 비교급 * 최상급

접속사 * 전치사 * 관계대명사 * 관계부사

♧♣♧ 01. 동사의 시제_현재 vs. 현재진행

■ 현재 vs. 현재진행(am/are/is+동사원형_ing)

eat	먹다
eating	먹고 있는
am eating	먹고 있다 (I am)
is eating	먹고 있다 (He is / She is / It is)
are eating	먹고 있다 (We are / You are / They are)

drink	마시다
drinking	마시고 있는
am drinking	마시고 있다 (I am)
is drinking	마시고 있다 (He is / She is / It is)
are drinking	마시고 있다 (We are / You are / They are)

sleep	자다
sleeping	자고 있는

am sleeping	자고 있다 (I am)
is sleeping	자고 있다 (He is / She is / It is)
are sleeping	자고 있다 (We are / You are / They are)
play	놀다
playing	놀고 있는
am playing	놀고 있다 (I am)
is playing	놀고 있다 (He is / She is / It is)
are playing	놀고 있다 (We are / You are / They are)
study	공부하다
studying	공부하고 있는
am studying	공부하고 있다 (I am)
is studying	공부하고 있다 (He is / She is / It is)
are studying	공부하고 있다 (We are / You are / They are)

⊙.⊙ 잠깐! <u>동사의 -ing 형(진행형)으로 바꾸는 방법</u>

: 현재시제는 "일반적인 진리나 사실, 생활 습관" 등을 나타낼 때 쓰며, 현재진행(am/are/is +-ing)은 "한시적으로 일어나고 있는, 바로 지금"을 나타낼 때 쓴다. 일반동사를 -ing 형으로 바꾸는 방법은 다음과 같다.

1. 대부분의 동사: 동사원형 + -ing

eat (먹다)   →   eating

go (가다)   →   going

drink (마시다)   →   drinking

read (읽다)   →   reading

play (놀다)   →   playing

fly (날다)   →   flying

study (공부하다)   →   studying

talk (말하다)   →   talking

look (보다)   →   looking

2. '자음+e'로 끝나는 동사: e 를 빼고 + -ing

come (오다)   →   coming

ride (타다)   →   riding

give (주다)	→	giving
solve (풀다)	→	solving
live (살다)	→	living
make (만들다)	→	making
dance (춤추다)	→	dancing
take (취하다, 가져가다)	→	taking

3. '단모음+단자음'으로 끝나는 동사: 자음 하나 더 + -ing

run (달리다)	→	running
cut (자르다)	→	cutting
sit (앉다)	→	sitting
stop (멈추다)	→	stopping
hit (때리다)	→	hitting
swim (수영하다)	→	swimming
plan (계획하다)	→	planning

* 단모음+단자음이란?
: 단모음 (하나의 모음 / a, e, i, o, u) 뒤에 단자음 (하나의 자음 / b, c, d, f, g, h, j, k…등 다섯 개의 모음을 제외한 나머지)으로 끝나는 단어의 경우를 말한다.

4. '-ie'로 끝나는 동사: -ie 를 y 로 고치고 + -ing

tie (매다)	→	tying
lie (거짓말 하다, 눕다)	→	lying
die (죽다)	→	dying

♧♣♧ 02. 동사의 시제_과거 vs. 과거진행

과거 vs. 과거진행(was/were+동사원형_ing)

eat	먹다
ate	먹었다
was eating	먹고 있었다 (I was / He was / She was / It was)
were eating	먹고 있었다 (We were / You were / They were)

drink	마시다
drank	마셨다
was drinking	마시고 있었다 (I was / He was / She was / It was)
were drinking	마시고 있었다 (We were / You were / They were)

sleep	자다
slept	잤다
was sleeping	자고 있었다 (I was / He was / She was / It was)
were sleeping	자고 있었다 (We were / You were / They were)

play	놀다
played	놀았다
was playing	놀고 있었다 (I was / He was / She was / It was)
were playing	놀고 있었다 (We were / You were / They were)

study	공부하다
studied	공부했다
was studying	공부하고 있었다 (I was / He was / She was / It was)
were studying	공부하고 있었다 (We were / You were / They were)

⊙.⊙ 잠깐! 과거 vs. 과거진행

: 과거시제는 "과거에 일어난 동작이나 상황"을 나타낼 때 쓰며, 과거진행
은 "과거에 한시적으로 일어나고 있었던, 바로 그때"를 나타낼 때 쓴다.

160

♧♣♧ 03. 동사의 규칙 변화

◼ 규칙 변화

(현재-과거-과거완료)

agree - agreed - agreed
동의하다 - 동의했다 - 동의했었다

answer - answered - answered
대답하다 - 대답했다 - 대답했었다

apologize - apologized - apologized
사과하다 - 사과했다 - 사과했었다

arrive - arrived - arrived
도착하다 - 도착했다 - 도착했었다

attend - attended - attended
참석하다 - 참석했다 - 참석했었다

attract - attracted - attracted
유혹하다 - 유혹했다 - 유혹했었다

avoid - avoided - avoided
피하다 - 피했다 - 피했었다

bake - baked - baked
빵을 굽다 - 빵을 구웠다 - 빵을 구웠었다

believe - believed - believed
믿다 - 믿었다 - 믿었었다

block - blocked - blocked
막다 - 막았다 - 막았었다.

book - booked - booked
예약하다 - 예약했다 - 예약했었다

borrow - borrowed - borrowed
빌리다 - 빌렸다 - 빌렸었다

brush - brushed - brushed
닦다 - 닦았다 - 닦았었다

call - called - called
전화하다 - 전화했다 - 전화했었다

cancel - canceled - canceled
취소하다 - 취소했다 - 취소했었다

cause - caused - caused
원인이 되다 - 원인이 되었다 - 원인이 되었었다

celebrate - celebrated - celebrated
축하하다 - 축하했다 - 축하했었다

challenge - challenged - challenged
도전하다 - 도전했다 - 도전했었다

chase - chased - chased
뒤쫓다 - 뒤쫓았다 - 뒤쫓았었다

check - checked - checked
점검하다 - 점검했다 - 점검했었다

clean - cleaned - cleaned
청소하다 - 청소했다 - 청소했었다

climb - climbed - climbed
오르다 - 올라갔다 - 올라갔었다

close - closed - closed
닫다 - 닫았다 - 닫았었다

cook - cooked - cooked
요리하다 - 요리했다 - 요리했었다

cover - covered - covered
덮다 - 덮었다 - 덮었었다

crawl - crawled - crawled
기어다니다 - 기어다녔다 - 기어다녔었다

dance - danced - danced
춤추다 - 춤을 추었다 - 춤을 추었었다

decide - decided - decided
결정하다 - 결정했다 - 결정했었다

declare - declared - declared
선언하다 - 선언했다 - 선언했었다

deliver - delivered - delivered
배달하다 - 배달했다 - 배달했었다

carry - carried - carried
운반하다 - 운반했다 - 운반했었다

copy - copied - copied
복사하다 - 복사했다 - 복사했었다

cry - cried - cried
울다 - 울었다 - 울었었다

deny - denied - denied
부인하다 - 부인했다 - 부인했었다

delay - delayed - delayed
미루다 - 미루었다 - 미루었었다

destroy - destroyed - destroyed
파괴하다 - 파괴했다 - 파괴했었다

discover - discovered - discovered
발견하다 - 발견했다 - 발견했었다

donate - donated - donated
기부하다 - 기부했다 - 기부했었다

drop - dropped - dropped
떨어뜨리다 - 떨어뜨렸다 - 떨어뜨렸었다

enjoy - enjoyed - enjoyed
즐기다 - 즐겼다 - 즐겼었다

enter - entered - entered
들어가다 - 들어갔다 - 들어갔었다

envy - envied - envied
부러워하다 - 부러워했다 - 부러워했었다

expect - expected - expected
기대하다 - 기대했다 - 기대했었다

fail - failed - failed
실패하다 - 실패했다 - 실패했었다

fill - filled - filled
채우다 - 채웠다 - 채웠었다

finish - finished - finished
끝나다 - 끝났다 - 끝났었다

fit - fitted - fitted (또는 fit - fit - fit)
적합하다 - 적합했다 - 적합했었다

follow - followed - followed
따라가다 - 따라갔다 - 따라갔었다

hate - hated - hated
미워하다 - 미워했다 - 미워했었다

hurry - hurried - hurried
서두르다 - 서둘렀다 - 서둘렀었다

improve - improved - improved
향상시키다 - 향상시켰다 - 향상시켰었다

invent - invented - invented
발명하다 - 발명했다 - 발명했었다

invite - invited - invited
초대하다 - 초대했다 - 초대했었다

jog - jogged - jogged
조깅하다 - 조깅했다 - 조깅했었다

join - joined - joined
참가하다 - 참가했다 - 참가했었다

jump - jumped - jumped
뛰어오르다 - 뛰어올랐다 - 뛰어올랐었다

knock - knocked - knocked
노크하다 - 노크했다 - 노크했었다

like - liked - liked
좋아하다 - 좋아했다 - 좋아했었다

listen - listened - listened
듣다 - 들었다 - 들었었다

live - lived - lived
살다 - 살았다 - 살았었다

lock - locked - locked
잠그다 - 잠갔다 - 잠갔었다

look - looked - looked
보다 - 보았다 - 보았었다

miss - missed - missed
그리워하다 - 그리워했다 - 그리워했었다

move - moved - moved
이사하다 - 이사했다 - 이사했었다

need - needed - needed
필요로 하다 - 필요로 했다 - 필요로 했었다

order - ordered - ordered
주문하다 - 주문했다 - 주문했었다

paint - painted - painted
그리다 - 그렸다 - 그렸었다

pass- passed - passed
통과하다 - 통과했다 - 통과했었다

pay - payed - payed
지불하다 - 지불했다 - 지불했었다

plan - planned - planned
계획하다 - 계획했다 - 계획했었다

practice - practiced - practiced
연습하다 - 연습했다 - 연습했었다

prepare - prepared - prepared
준비하다 - 준비했다 - 준비했었다

pronounce - pronounced - pronounced
발음하다 - 발음했다 - 발음했었다

publish - published - published
출판하다 - 출판했다 - 출판했었다

pull - pulled - pulled
끌어당기다 - 끌어당겼다 - 끌어당겼었다

push - pushed - pushed
밀다 - 밀었다 - 밀었었다

receive - received - received
받다 - 받았다 - 받았었다

refuse - refused - refused
거절하다 - 거절했다 - 거절했었다

repair - repaired - repaired
수리하다 - 수리했다 - 수리했었다

return - returned - returned
반납하다 - 반납했다 - 반납했었다

save - saved - saved
저축하다 - 저축했다 - 저축했었다

seem - seemed - seemed
~인 것 같다 - 같았다 - 같았었다

share - shared - shared
나누다 - 나누었다 - 나누었었다

show - showed - showed
보여 주다 - 보여 주었다 - 보여 주었었다

solve - solved - solved
해결하다 - 해결했다 - 해결했었다

start - started - started
시작하다 - 시작했다 - 시작했었다

stay - stayed - stayed
머무르다 - 머물렀다 - 머물렀었다

store - stored - stored
저장하다 - 저장했다 - 저장했었다

succeed - succeeded - succeeded
성공하다 - 성공했다 - 성공했었다

swell - swelled - swelled (또는 swollen)
부풀다 - 부풀었다 - 부풀었었다

touch - touched - touched
만지다 - 만졌다 - 만졌었다

treat - treated - treated
대접하다 - 대접했다 - 대접했었다

try - tried - tried
시도하다 - 시도했다 - 시도했었다

visit - visited - visited
방문하다 - 방문했다 - 방문했었다

wait - waited - waited
기다리다 - 기다렸다 - 기다렸었다

walk - walked - walked
걷다 - 걸었다 - 걸었었다

watch - watched - watched
보다 - 보았다 - 보았었다

water - watered - watered
물을 주다 - 물을 주었다 - 물을 주었었다

work - worked - worked
일하다 - 일했다 - 일했었다

worry - worried - worried
걱정하다 - 걱정했다 - 걱정했었다

yell - yelled - yelled
소리치다 - 소리쳤다 - 소리쳤었다

♧♣♧ 04. 동사의 불규칙 변화

▣ 불규칙 변화

(현재-과거-과거완료)

arise - arose - arisen
일어나다 - 일어났다 - 일어났었다

awake - awoke - awaken
(잠에서) 깨다 - 깼다 - 깼었다

am / is - was - been
~이다 - 이었다 - 이었었다

are - were - been
~이다 - 이었다 - 이었었다

bear - bore - born
낳다 - 낳았다 - 낳았었다

beat - beat - beaten
때리다 - 때렸다 - 때렸었다

become - became - become
되다 - 되었다 - 되었었다

begin - began - begun
시작하다 - 시작했다 - 시작했었다

bend - bent - bent
구부리다 - 구부렸다 - 구부렸다

bet - bet - bet
(돈을) 걸다 - 걸었다 - 걸었었다

bid - bid - bid
입찰하다 - 입찰했다 - 입찰했었다

bind - bound - bound
구부리다 - 구부렸다 - 구부렸었다

bite - bit - bitten
물다 - 물었다 - 물었었다

bleed - bled - bled
피를 흘리다 - 피를 흘렸다 - 피를 흘렸었다

blow - blew - blown
(바람이) 불다 - 불었다 - 불었었다

break - broke - broken
깨다 - 깼다 - 깼었다

breed - bred - bred
(새끼를) 낳다 - 낳았다 - 낳았었다

bring - brought -brought
가져오다 - 가져왔다 - 가져왔었다

broadcast - broadcast - broadcast
방송하다 - 방송했다 - 방송했었다

build - built - built
세우다 - 세웠다 - 세웠었다

burn - burnt - burnt (또는 burn - burned - burned)
(불)타다 - 탔다 - 탔었다

burst - burst - burst
터뜨리다 - 터뜨렸다 - 터뜨렸었다

buy - bought - bought
~을 사다 - 샀다 - 샀었다

cast - cast - cast
던지다 - 던졌다 - 던졌었다

catch - caught - caught
붙잡다 - 붙잡았다 - 붙잡았었다

choose - chose - chosen
선택하다 - 선택했다 - 선택했었다

cling - clung - clung
달라붙다 - 달라붙었다 - 달라붙었었다

come - came - come
오다 - 왔다 - 왔었다

cost - cost - cost
(금액이) 들다 - 들었다 - 들었었다

creep - crept - crept
기다 - 기었다 - 기었었다

cut - cut - cut
자르다 - 잘랐다 - 잘랐었다

deal - dealt - dealt
다루다 - 다루었다 - 다루었었다

dig - dug - dug
(땅을) 파다 - 팠다 - 팠었다

dive - dove (또는 dived) **- dived**
(물속으로) 뛰어들다 - 뛰어들었다 - 뛰어들었었다

do - did - done
하다 - 했다 - 했었다

draw - drew - drawn
그리다 - 그렸다 - 그렸었다

(끌어당기다 - 끌어당겼다 - 끌어당겼었다)

drink - drank - drunken
마시다 - 마셨다 - 마셨었다

drive - drove - driven
운전하다 - 운전했다 - 운전했었다

dwell - dwelt - dwelt (또는 dwell - dwelled - dwelled)
거주하다 - 거주했다 - 거주했었다

eat - ate - eaten
먹다 - 먹었다 - 먹었었다

fall - fell - fallen
넘어지다 - 넘어졌다 - 넘어졌었다

feed - fed - fed
먹이다 - 먹였다 - 먹였었다

feel - felt - felt
느끼다 - 느꼈다 - 느꼈었다

fight - fought - fought
싸우다 - 싸웠다 - 싸웠었다

find - found - found
발견하다 - 발견했다 - 발견했었다

fit - fit - fit (또는 fit - fitted - fitted)
~에 꼭 맞다 - 맞았다 - 맞았었다

flee - fled - fled
도망치다 - 도망쳤다 - 도망쳤었다

fling - flung - flung
내던지다 - 내던졌다 - 내던졌었다

fly - flew - flown
날다 - 날았다 - 날았었다

forbid - forbade - forbidden
금지하다 - 금지했다 - 금지했었다

forget - forgot - forgotten
잊다 - 잊었다 - 잊었었다

forgive - forgave - forgiven
용서하다 - 용서했다 - 용서했었다

freeze - froze - frozen
얼다 - 얼었다 - 얼었었다

get - got - got
받다 - 받았다 - 받았었다

give - gave - given
주다 - 주었다 - 주었었다

go - went - gone
가다 - 갔다 - 갔었다

grind - ground - ground
갈다 - 갈았다 - 갈았었다

grow - grew - grown
자라다 - 자랐다 - 자랐었다

hang - hung - hung (또는 hang - hanged - hanged)
매달다 - 매달았다 - 매달았었다

have - had - had
가지고 있다 - 가지고 있었다 - 가지고 있었었다

hear - heard - heard
듣다 - 들었다 - 들었었다

hide - hid - hidden
숨기다 - 숨겼다 - 숨겼었다

hit - hit - hit
때리다 - 때렸다 - 때렸었다

hold - held - held
붙잡고 있다 - 붙잡고 있었다 - 붙잡고 있었었다

hurt - hurt - hurt
아프다 - 아팠다 - 아팠었다

keep - kept - kept
유지하다 - 유지했다 - 유지했었다

kneel - knelt - knelt
무릎을 꿇다 - 꿇었다 - 꿇었었다

know - knew - known
알다 - 알았다 - 알았었다

lay - laid - laid
놓다 - 놓았다 - 놓았었다

lead - led - led
(앞장서서) 이끌다 - 이끌었다 - 이끌었었다

leave - left - left
떠나다 - 떠났다 - 떠났었다

lend - lent - lent
빌려 주다 - 빌려 주었다 - 빌려 주었었다

let - let - let
(…에게 ~을) 시키다 - 시켰다 - 시켰었다

lie - lay - lain
눕다 - 누웠다 - 누웠었다

light - lit - lit (또는 light - lighted - lighted)
불을 붙이다 - 붙였다 - 붙였었다

lose - lost - lost
잃다 - 잃었다 - 잃었었다

make - made - made
만들다 - 만들었다 - 만들었었다

mean - meant - meant
의미하다 - 의미했다 - 의미했었다

meet - met - met
만나다 - 만났다 - 만났었다

mistake - mistook - mistaken
오해하다 - 오해했다 - 오해했었다

pay - paid - paid
지불하다 - 지불했다 - 지불했었다

put - put - put
(~을 ~에) 놓다 - 놓았다 - 놓았었다

quit - quit - quit (또는 quit - quitted - quitted)
그만두다 - 그만두었다 - 그만두었었다

read - read - read
읽다 - 읽었다 - 읽었었다

* 과거, 과거분사형 발음 주의: 레드 [red]

ride - rode - ridden
(탈것에) 타다 - 탔다 - 탔었다

ring - rang - rung (또는 ring - ringed - ringed)
(벨이) 울리다 - 울렸다 - 울렸었다

rise - rose - risen
(해, 달이) 뜨다 - 떴다 - 떴었다

run - ran - run
뛰다 - 뛰었다 - 뛰었었다

say - said - said
말하다 - 말했다 - 말했었다

188

see - saw - seen
보다 - 보았다 - 보았었다

seek - sought - sought
추구하다 - 추구했다 - 추구했었다

sell - sold - sold
팔다 - 팔았다 - 팔았었다

send - sent - sent
보내다 - 보냈다 - 보냈었다

set - set - set
놓다 - 놓았다 - 놓았었다

shake - shook - shaken
흔들다 - 흔들었다 - 흔들었었다

shed - shed - shed
흘리다 - 흘렸다 - 흘렸었다

shine - shone - shone (또는 shine - shined - shined)
빛나다 - 빛났다 - 빛났었다

shoot - shot - shot
쏘다 - 쏘았다 - 쏘았었다

shrink - shrank - shrunk
줄어들다 - 줄어들었다 - 줄어들었었다

shut - shut - shut
닫다 - 닫았다 - 닫았었다

sing - sang - sung
노래하다 - 노래했다 - 노래했었다

sink - sank - sunk
가라앉다 - 가라앉았다 - 가라앉았었다

sit - sat - sat
앉다 - 앉았다 - 앉았었다

sleep - slept - slept
자다 - 잤다 - 잤었다

slide - slid - slid
미끄러지다 - 미끄러졌다 - 미끄러졌었다

speak - spoke - spoken
말하다 - 말했다 - 말했었다

speed - sped - sped
급속하게 진행하다 - 진행했다 - 진행했었다

spell - spelt - spelt (또는 spell - spelled - spelled)
주문을 외우다 - 주문을 외웠다 - 주문을 외웠었다

spend - spent - spent
쓰다 - 썼다 - 썼었다

spin - spun - spun
돌리다 - 돌렸다 - 돌렸었다

split - split - split
쪼개다 - 쪼갰다 - 쪼갰었다

spread - spread - spread
펼치다 - 펼쳤다 - 펼쳤었다

spring - sprang - sprung
튀다 - 튀었다 - 튀었었다

stand - stood - stood
서 있다 - 서 있었다 - 서 있었었다

steal - stole - stolen
훔치다 - 훔쳤다 - 훔쳤었다

stick - stuck - stuck
붙이다 - 붙였다 - 붙였었다

sting - stung - stung
쏘다 - 쏘았다 - 쏘았었다

strike - struck - struck
치다 - 쳤다 - 쳤었다

string - strung - strung
실을 꿰다 - 실을 꿰었다 - 실을 꿰었었다

strive - strove - striven (또는 strive - strived - strived)
노력하다 - 노력했다 - 노력했었다

swear - swore - sworn
맹세하다 - 맹세했다 - 맹세했었다

sweep - swept - swept
쓸다 - 쓸었다 - 쓸었었다

swim - swam - swum
수영하다 - 수영했다 - 수영했었다

swing - swung - swung
그네를 타다 - 탔다 - 탔었다

take - took - taken
잡다 - 잡았다 - 잡았었다

teach - taught - taught
가르치다 - 가르쳤다 - 가르쳤었다

tear - tore - torn
찢다 - 찢었다 - 찢었었다

tell - told - told
말하다 - 말했다 - 말했었다

think - thought - thought
생각하다 - 생각했다 - 생각했었다

throw - threw - thrown
던지다 - 던졌다 - 던졌었다

understand - understood - understood
이해하다 - 이해했다 - 이해했었다

undertake - undertook - undertaken
(책임을) 맡다 - 맡았다 - 맡았었다

wake - woke - waken
(잠에서) 깨다 - 깼다 - 깼었다

wear - wore - worn
입다 - 입었다 - 입었었다

weave - wove - woven
(천을) 짜다 - 짰다 - 짰었다

weep - wept - wept
울다 - 울었다 - 울었었다

win - won - won
이기다 - 이겼다 - 이겼었다

write - wrote - written
쓰다 - 썼다 - 썼었다

♧♣♧ 05. 현재완료(have/has+p.p.)

have seen it
그것을 본 적이 있다
(과거 어느 시점부터 현재까지, 경험)

have <u>not</u> seen it
have <u>never</u> seen it
그것을 본 적이 없다
(과거 어느 시점부터 현재까지, 경험)

have seen it once <u>for</u> 6 month
6개월 동안 그것을 한 번 본 적이 있다 (for+기간)
(과거 어느 시점부터 현재까지, 경험)

have not seen it <u>since</u> last month
지난달 이래로 그것을 본 적이 없다 (since+시점)
(과거 어느 시점부터 현재까지, 경험)

* 3인칭 단수, 현재일 때 have를 has로 써야 한다.
She has seen ~ / He has not seen ~ / Tom has never seen ~

have lived in ~
~에 살고 있다
(과거 어느 시점부터 현재까지, 계속)

have lived in ~ <u>for</u> 3 years
3년 동안 ~에 살고 있다 (for+기간)
(과거 어느 시점부터 현재까지, 계속)

have not lived in ~ <u>since</u> last year
작년 이래로 ~에 살고 있지 않다 (since+시점)
(과거 어느 시점부터 현재까지, 계속)

* 3인칭 단수, 현재일 때 have를 has로 써야 한다.
She has lived in~ / He has not lived in~ / Tom has never lived in~

have finished ~
~를 끝냈다
(과거 어느 시점부터 현재까지, 완료)

have not finished ~
~를 끝내지 못했다
(과거 어느 시점부터 현재까지, 완료)

have just finished the project
프로젝트를 방금 끝냈다
(과거 어느 시점부터 현재까지, 완료)

have not finished the project yet
프로젝트를 아직 끝내지 못했다
(과거 어느 시점부터 현재까지, 완료)

* 3인칭 단수, 현재일 때 have를 has로 써야 한다.
She has finished~ / He has not finished~ / Tom has never finished~

have lost ~
(과거 어느 시점부터 현재까지, 결과)
~를 잃어버렸다 (현재는 없다)

have not lost ~
(과거 어느 시점부터 현재까지, 결과)
~를 잃어버리지 않았다 (현재 가지고 있다)

* 3 인칭. 단수, 현재일 때 have 를 has 로 써야 한다.
She has lost~ / He has not lost~ / Tom has never lost~

◉.◉ 잠깐! 현재완료란?

어느 특정한 "과거 시점에서 일어난" 동작이나 상태가 "현재까지 영향을 미칠 때" 사용하며, 문맥에 따라 경험, 계속, 결과, 완료의 의미가 있다.

♧♣♧ 06. 동사의 종류_감각동사

■ 감각동사+형용사(보어)

feel+형용사	~하게 느끼다
feel good	좋게 느끼다
feel bad	나쁘게 느끼다
feel cold	춥게 느끼다

* 주의: feel 다음에 부사가 오면 안 된다. (X) feel well (X) feel badly

look+형용사	~하게 보이다
look good	좋게 보이다
look angry	화나 보이다
look serious	심각하게 보이다

* 주의: (X) look angrily (X) look seriously

taste+형용사	~한 맛이 나다
taste good	맛이 좋다
taste bitter	쓴 맛이 난다

taste sweet 단 맛이 난다

* 주의: (X) taste well (X) taste sweetly

smell+형용사 ~한 냄새가 나다

smell good 좋은 냄새가 나다

smell bad 나쁜 냄새가 나다

smell terrible 지독한 냄새가 나다

* 주의: (X) smell well (X) smell badly

sound+형용사 ~하게 들리다

sound good 좋게 들리다

sound sweet 감미롭게 들리다

sound strange 이상하게 들리다

* 주의: (X) sound well (X) sound strangely

◉.◉ 잠깐! 감각동사란?

: 감각동사란, 느끼고, 보고, 맛 보고, 냄새 맡고, 소리를 듣는 감각을 말하며, 동사 뒤에 보어로 형용사가 오는 것이 시험에 자주 등장한다.

200

♧♣♧ 07. 동사의 종류_지각동사, 사역동사

■ 지각동사+목적어+동사원형(목적격보어)

see	~가 ~하는 것을 보다
see him <u>dance</u>	그가 춤추는 것을 보다
saw him <u>dance</u>	그가 춤추는 것을 보았다
watch	~가 ~하는 것을 보다
watch her <u>leave</u>	그녀가 떠나는 것을 보다
watched her <u>leave</u>	그녀가 떠나는 것을 보았다
hear	~가 ~하는 것을 듣다
hear Tom <u>sing</u>	톰이 노래하는 것을 듣다
heard Tom <u>sing</u>	톰이 노래하는 것을 들었다
feel	~가 ~하는 것을 느끼다
feel something <u>touch</u>	무언가가 만지는 것을 느끼다
felt something <u>touch</u>	무언가가 만지는 것을 느꼈다

smell	~가 ~하는 냄새를 맡다
smell something <u>burn</u>	무언가가 타는 냄새를 맡다
smelled something <u>burn</u>	무언가가 타는 냄새를 맡았다

■ 사역동사+목적어+동사원형(목적격보어)

have	~에게 ~하게 하다
have me <u>do</u> the work	나에게 그 일을 하게 하다
had me <u>do</u> the work	나에게 그 일을 하게 했다

make	~에게 ~하게 하다
make him <u>cook</u> dinner	그에게 저녁 요리를 하게 하다
made him <u>cook</u> dinner	그에게 저녁 요리를 하게 했다

let	~에게 ~하게 하다
let her <u>clean</u> the room	그녀에게 방을 청소하게 하다
let her <u>clean</u> the room	그녀에게 방을 청소하게 했다

⊙.⊙ 잠깐! 지각동사, 사역동사란?

* 지각동사(see, watch, hear, feel, smell)

: 지각동사는 보고, 듣고, 느끼고, 냄새 맡는 행동을 나타내며, 뒤에 목적어가 오면 목적격보어로 동사원형이 나온다. 보어로 형용사가 오는 감각동사와 겹치는 동사(smell, feel)도 있으니 유의하자.

* 사역동사(have, make, let)

: 사역동사는 일명 '시키다' 동사로, '~하게 하다'라는 뜻을 지닌 have, make, let 등이 있다. make 는 사역동사로 '~가 ~하게 하다'라는 뜻도 있고, 다음 장에 나오는 수여동사로 '~에게 ~을 만들어주다'라는 뜻도 있으니 유의하자.

♧♣♧ 08. 동사의 종류_수여동사

■ **수여동사**('수여'는 '주다'의 의미)

give	~에게 ~을 주다
give <u>him</u> a book	그에게 책 한 권을 주다
gave <u>him</u> a book	그에게 책 한 권을 주었다
give a book <u>to him</u>	그에게 책 한 권을 주다
gave a book <u>to him</u>	그에게 책 한 권을 주었다
send	~에게 ~을 보내주다(보내다)
send <u>her</u> flowers	그녀에게 꽃을 보내다
sent <u>her</u> flowers	그녀에게 꽃을 보냈다
send flowers <u>to her</u>	그녀에게 꽃을 보내다
sent flowers <u>to her</u>	그녀에게 꽃을 보냈다
teach	~에게 ~을 가르쳐주다(가르치다)
teach <u>us</u> English	우리에게 영어를 가르쳐주다
taught <u>us</u> English	우리에게 영어를 가르쳐주었다

teach English <u>to us</u>	우리에게 영어를 가르쳐주다
taught English <u>to us</u>	우리에게 영어를 가르쳐주었다
show	~에게 ~을 보여주다
show <u>me</u> the money	나에게 그 돈을 보여주다
showed <u>me</u> the money	나에게 그 돈을 보여주었다
show the money <u>to me</u>	나에게 그 돈을 보여주다
showed the money <u>to me</u>	나에게 그 돈을 보여주었다
buy	~에게 ~을 사주다
buy <u>Tom</u> a watch	톰에게 손목시계를 사주다
bought <u>Tom</u> a watch	톰에게 손목시계를 사주었다
buy a watch <u>for Tom</u>	톰에게(톰을 위해) 손목시계를 사주다
bought a watch <u>for Tom</u>	톰에게(톰을 위해) 손목시계를 사주었다
make	~에게 ~을 만들어주다
make <u>me</u> cookies	나에게 쿠키를 만들어주다
made <u>me</u> cookies	나에게 쿠키를 만들어주었다

make cookies <u>for me</u>   나에게(나를 위해) 쿠키를 만들어주다

made cookies <u>for me</u>   나에게(나를 위해) 쿠키를 만들어주었다

⊙.⊙ 잠깐! <u>수여동사란?</u>

* 수여동사는 '주다/해주다'라는 의미가 포함되어 있는 동사로, 뒤에 간접목적어(사람)+직접목적어(사물, 대상) 순으로 쓴다.

(예) make **me** cookies

　　나에게 (me; 간접목적어)

　　쿠키를 (cookies; 직접목적어) 만들어주었다

* 간접목적어와 직접목적어 자리를 바꾸어 쓸 경우에는 전치사 to, for, of 등과 함께 쓴다.

(예) make **me** cookies → make cookies **for me**

　　나를 위해 (for me; 간접목적어)

　　쿠키를 (cookies; 직접목적어) 만들어주었다

♧♣♧ 09. 능동태 vs. 수동태

◼ 능동태 vs. 수동태(be+p.p.)

수동태가 현재일 때: **am/are/is + p.p.** (과거분사)

수동태가 과거일 때: **was/were + p.p.** (과거분사)

destroy	파괴하다
is / are destroyed	파괴되다
was / were destroyed	파괴되었다

discover	발견하다
is / are discovered	발견되다
was / were discovered	발견되었다

expect	기대하다
am / are / is expected	기대되다
was / were expected	기대되었다

invent	발명하다
is / are invented	발명되다
was / were invented	발명되었다
invite	초대하다
am / are / is invited	초대되다
was / were invited	초대되었다
lock	잠그다
is / are locked	잠기다
was / were locked	잠겼다
pass	통과하다
is / are passed	통과되다
was / were passed	통과되었다
worry	걱정하다
am / are / is worried	걱정되다
was / were worried	걱정되었다

bite	물다
am / are / is bitten	물리다
was / were bitten	물렸다
break	깨다
is / are broken	깨지다
was / were broken	깨졌다
choose	선택하다
am / are / is chosen	선택되다
was / were chosen	선택되었다
find	발견하다
am / are / is found	발견되다
was / were found	발견되었다
forbid	금지하다
is / are forbidden	금지되다
was / were forbidden	금지되었다

hide	숨기다
am / are / is hidden	숨겨지다(숨김을 당하다)
was / were hidden	숨겨졌다(숨김을 당했다)
know	알다
am / are / is known	알려지다
was / were known	알려졌다
make	만들다
is / are made	만들어지다
was / were made	만들어졌다
pay	지불하다
is / are paid	지불되다
was / were paid	지불되었다
see	보다
am / are / is seen	보이다
was / were seen	보였다

send	보내다
am / are / is sent	보내지다
was / were sent	보내졌다
steal	훔치다
is / are stolen	도난당하다(훔침을 당하다)
was / were stolen	도난당했다(훔침을 당했다)
take	잡다
am / are / is taken	잡히다
was / were taken	잡혔다
throw	던지다
is / are thrown	던져지다
was / were thrown	던져졌다
write	쓰다
is / are written	쓰여지다
was / were written	쓰여졌다

♧♣♧ 10. 형용사

[Aa]

absent	부재의, 결석한
accurate	정확한
active	활동적인, 활기 있는
afloat	떠 있는
afraid	두려운
alike	비슷한
alive	살아 있는
alone	혼자 있는, 외로운
ancient	옛날의, 고대의
anxious	걱정하는, 염려하는
ashamed	부끄러운, 수줍어하는
asleep	자고 있는
awake	깨어 있는
aware	알고 있는

bitter	(맛이) 쓴, 혹독한
bored	지루한
boring	지루한
bright	빛나는, 영리한
brilliant	똑똑한
broken	부러진

carefree	걱정 없는
careful	주의 깊은
cheap	값이 싼
curious	궁금한, 호기심이 많은

delighted	기뻐하는
dependent	의존하는
depressed	우울한, 의기소침한

depressing	울적한
desirous	간절히 바라는
desperate	필사적인, 절망적인
difficult	어려운
diligent	근면한
disappointed	실망한
disappointing	실망스러운

[Ee]

eager	열망하는, 열성적인
efficient	능률적인, 효율적인
elementary	초등학교의, 초보의
embarrassed	당황한, 난처한
embarrassing	당황케 하는
emotional	감정적인
energetic	활동적인
enjoyable	유쾌한, 즐거운
enormous	거대한, 큰

enough	충분한
epidemic	전염성의, 유행의
equal	같은, 동등한
eternal	영원한
excited	흥분한
exciting	흥분시키는
exhausted	지친, 탈진한
extensive	광범위한, 넓은
external	외부의

[Ff]

facial	얼굴의
faint	희미한, 어렴풋한
fair	공평한, 공정한
fatal	치명적인
fearful	무서운, 두려운
final	마지막의, 최종의
financial	재정상의

fit	꼭 맞는, 알맞은
foreign	외국의
fresh	신선한, 생생한
friendly	우호적인, 다정한
frightened	무서워하는
frightening	깜짝 놀라게 하는
fruitful	성과 있는
funny	익살맞은, 재미있는
furious	성난, 격노한

[Gg]

general	일반의, 대체적인
generous	관대한, 푸짐한
global	전 세계의, 지구의
grateful	고맙게 여기는

[Hh]

hard	딱딱한, 단단한, 어려운

harsh	거친
hasty	급한, 조급한
healing	치료의
healthy	건강한, 건강에 좋은
helpful	도움이 되는, 유용한
helpless	무력한
historical	역사적인
hopeless	희망 없는, 가망 없는
horrible	무서운, 끔찍한
hospitable	환대하는
huge	거대한, 엄청난

[Ii]

immediate	즉각적인
immune	면역의
important	중요한, 중대한
incredible	매우 훌륭한
indifferent	무관심한, 냉담한

industrial	산업의, 공업의
innate	타고난, 선천적인
innocent	무죄의, 결백한
insane	미친, 광기의
instant	즉시의, 즉각적인
intelligent	지적인, 영리한
interested	흥미를 느낀
interesting	흥미 있는

[ㄹ]

latest	최신의
legal	합법적인
liquid	액체의
literal	글자 그대로의
literary	문학의
local	지방의
long-lasting	지속적인

mean	비열한, 짓궂은
messy	엉망인, 어질러진
middle	한가운데의, 중간의
miserable	불쌍한, 비참한
modern	현대의, 근대의
mutual	서로의, 상호의

narrow	폭이 좁은, 한정된
neat	단정한, 깔끔한
necessary	필요한, 필수의
negative	부정적인
never-ending	끝나지 않는
newborn	신생의
nonverbal	비언어적인

[Oo]

occasional	때때로의, 임시의
offensive	공격적인
outgoing	사교적인, 외향성인

[Pp]

parental	부모의, 어버이의
perfect	완벽한
pleasant	즐거운, 기분 좋은
pleased	기뻐하는, 만족한
poisonous	유해한, 독이 있는
polar	극의, 극지의
popular	인기 있는
positive	확신하는, 긍정적인
possible	가능한, 할 수 있는
precious	비싼, 귀중한
professional	전문적인, 직업적인
proper	적당한, 타당한

proud	자랑스러운
punctual	시간을 엄수하는
puzzled	당황한

[Rr]

regional	지역적인
reliable	믿을 만한
ridiculous	우스운, 어리석은
rough	거친
rural	시골의, 지방의

[Ss]

satisfactory	만족스러운
satisfied	만족한
scientific	과학적인
seasonal	계절적인
selfish	이기적인
senior	상급생의

senseless 의미 없는, 지각 없는

sensitive	민감한, 예민한
separate	개별적인
serious	진지한, 심각한
several	몇몇의, 몇 개의
shocked	충격 받은
shocking	놀랄만한, 충격적인
silent	침묵하는, 고요한
similar	유사한, 닮은
sincere	성실한, 진지한
single	미혼의, 독신의
skilled	숙련된
solar	태양의
solid	고체의, 견고한
solitary	고독한, 유일한
sore	아픈
special	특별한, 전문의
striking	두드러진, 멋진

stupid	어리석은, 멍청한
suggestive	암시적인
surprised	놀란
surprising	놀라운
sweet	달콤한

[Tt]

terrible	끔찍한, 소름끼치는
terrifying	무서운
thankful	고맙게 여기는
tired	피곤한
tiring	피곤하게 하는
tremendous	무시무시한, 엄청난
trustworthy	신뢰할 수 있는

[Uu]

uncomfortable	불편한
unkind	불친절한, 매정한

223

unknown	알려지지 않은
upset	혼란한, 당황한
urgent	긴급한, 절박한
used	중고의

[Vv]

valuable	값진, 귀한
various	다양한
vigorous	격렬한
visible	(눈에) 보이는, 명백한
vocal	목소리의

[Ww]

well-known	유명한, 잘 알려진
wet	젖은, 축축한
wicked	악한, 심술궂은
widespread	널리 퍼진, 광범위한
worldwide	세계적인, 세계 속의

worried	걱정스러운
worthless	가치 없는, 쓸모 없는

⊙.⊙ 잠깐! 형용사란?

형용사는 사물이나 사람의 "상태나 성질"을 나타내는 말로 "~의, ~하는, ~한" 등의 의미를 나타내며, 명사를 꾸며주는 역할을 한다.

(예)

amazing	놀랄 만한
amazing <u>news</u>	놀랄 만한 뉴스

♧♣♧ 11. 부사

▣ 빈도를 나타내는 부사

always	항상
often	자주, 종종
usually	보통, 대개
sometimes	가끔
seldom	드물게(거의 ~않는)
never	전혀

▣ 장소, 위치를 나타내는 부사

here	여기에
there	거기에
away	떨어져
back	뒤로
out	밖으로
up	위로
down	아래로

■ 시간을 나타내는 부사

ago	전에
already	이미, 벌써
before	전에
after	후에
early	일찍
later	나중에
now	지금
soon	곧
still	아직
then	그때
yet	아직

■ 정도, 상태를 나타내는 부사

almost	거의
badly	심하게
completely	완전히
carefully	조심스럽게

enough	충분히
happily	행복하게
much	많이
politely	공손하게
quickly	빠르게
slowly	천천히
safely	안전하게
quietly	조용히
sadly	슬프게
terribly	끔찍하게
very	매우
violently	격렬하게

◼ 주의해야 할 부사

early	일찍
fast	빠르게
late	늦게
lately	최근에

high	높게
highly	아주, 매우
low	낮게
free	공짜로
hard	열심히
hardly	거의 ~않게
well	잘
pretty	꽤, 상당히
near	근처에
nearly	거의

⊙.⊙ 잠깐! 부사란?

부사는 빈도, 장소나 위치, 시간, 정도나 상태를 나타내는 말이다.

빈도부사는 '항상, 자주, 대개, 가끔' 등의 빈도를 나타내는 부사를 말하며, **be 동사 뒤, 조동사 뒤, 일반동사 앞**에 온다.

♧♣♧ 12. 원급-비교급-최상급

busy - busier - busiest
바쁜 - 더 바쁜 - 가장 바쁜

big - bigger - biggest
큰 - 더 큰 - 가장 큰

bad - worse - worst
나쁜 - 더 나쁜 - 가장 나쁜

boring - more boring - most boring
지루한 - 더 지루한 - 가장 지루한

beautiful - more beautiful - most beautiful
아름다운 - 더 아름다운 - 가장 아름다운

careful - more careful - most careful
조심성 있는 - 더 조심성 있는 - 가장 조심성 있는

cheap - cheaper - cheapest
값이 싼 - 더 값이 싼 - 가장 값이 싼

cold - colder - coldest
추운 - 더 추운 - 가장 추운

dirty - dirtier - dirtiest
더러운 - 더 더러운 - 가장 더러운

dry - drier - driest
건조한 - 더 건조한 - 가장 건조한

difficult - more difficult - most difficult
어려운 - 더 어려운 - 가장 어려운

early - earlier - earliest
일찍 - 더 일찍 - 가장 일찍

easy - easier - easiest
쉬운 - 더 쉬운 - 가장 쉬운

easily - more easily - most easily
쉽게- 더 쉽게 - 가장 쉽게

excited - more excited - most excited
신이 나는 - 더 신이 나는 - 가장 신이 나는

expensive - more expensive - most expensive
비싼 - 더 비싼 - 가장 비싼

fast - faster - fastest
빠른, 빨리 - 더 빠른, 더 빨리 - 가장 빠른, 가장 빨리

fat - fatter - fattest
뚱뚱한 - 더 뚱뚱한 - 가장 뚱뚱한

few - fewer - fewest
조금 있는 - 더 조금 있는 - 가장 조금 있는

funny - funnier - funniest
재미있는 - 더 재미있는 - 가장 재미있는

far - farther - farthest
(거리) 먼, 멀리 - 더 먼, 더 멀리 - 가장 먼, 가장 멀리

far - further - furthest
(정도) 훨씬, 멀리 - 더욱 깊이, 더 나아가서 - 가장 깊게

fluently - more fluently - most fluently
유창하게 - 더 유창하게 - 가장 유창하게

good - better - best
좋은 - 더 좋은 - 가장 좋은

hard - harder - hardest
딱딱한 - 더 딱딱한 - 가장 딱딱한

healthy - healthier - healthiest
건강한 - 더 건강한 - 가장 건강한

heavy - heavier - heaviest
무거운 - 더 무거운 - 가장 무거운

high - higher - highest
높은 - 더 높은 - 가장 높은

hot - hotter - hottest
뜨거운 - 더 뜨거운 - 가장 뜨거운

helpful - more helpful - most helpful
도움이 되는 - 더 도움이 되는 - 가장 도움이 되는

ill - worse - worst
아픈 - 더 아픈 - 가장 아픈

important - more important - most important
중요한 - 더 중요한 - 가장 중요한

kind - kinder - kindest
친절한 - 더 친절한 - 가장 친절한

large - larger - largest
큰 - 더 큰 - 가장 큰

lucky - luckier - luckiest
운이 좋은 - 더 운이 좋은 - 가장 운이 좋은

late - latter - last
(순서) 늦은, 늦게 - 후자의, 더 늦게 - 최후의, 마지막에

late - later - latest
(시간) 늦은, 늦게 - 보다 늦은, 나중에 - 최근의, 최근에

little - less - least
(양) 적은, 조금 - 보다 적은, 적게 - 가장 적은, 가장 적게

much - more - most
(양) 많은 - 더 많은 - 가장 많은

many - more - most
(수) 많은 - 더 많은 - 가장 많은

mild - milder - mildest

온순한 - 더 온순한 - 가장 온순한

new - newer - newest
새로운 - 더 새로운 - 가장 새로운

nice - nicer - nicest
좋은 - 더 좋은 - 가장 좋은

noisy - noisier - noisiest
시끄러운 - 더 시끄러운 - 가장 시끄러운

nervous - more nervous - most nervous
긴장한 - 더 긴장한 - 가장 긴장한

old - elder - eldest
(순서) 나이 든 - 연상의 - 제일 연상의

old - older - oldest
(시간) 나이 든 - 나이가 더 많은 - 나이가 가장 많은

poor - poorer - poorest
가난한 - 더 가난한 - 가장 가난한

pretty - prettier - prettiest
예쁜 - 더 예쁜 - 가장 예쁜

quickly - more quickly - most quickly
빨리 - 더 빨리 - 가장 빨리

safe - safer - safest
안전한 - 더 안전한 - 가장 안전한

short - shorter - shortest
짧은 - 더 짧은 - 가장 짧은

small - smaller - smallest
작은 - 더 작은 - 가장 작은

smart - smarter - smartest
똑똑한 - 더 똑똑한 - 가장 똑똑한

strong - stronger - strongest
강한 - 더 강한 - 가장 강한

surprising - more surprising - most surprising
놀랄 만한 - 더 놀랄 만한 - 가장 놀랄 만한

sweet - sweeter - sweetest
달콤한 - 더 달콤한 - 가장 달콤한

tall - taller - tallest
키가 큰 - 더 키가 큰 - 가장 키가 큰

tasty - tastier - tastiest
맛있는 - 더 맛있는 - 가장 맛있는

thin - thinner - thinnest
얇은 - 더 얇은 - 가장 얇은

warm - warmer - warmest
따뜻한 - 더 따뜻한 - 가장 따뜻한

well - better - best
잘 - 더 잘 - 가장 잘

wise - wiser - wisest
현명한 - 더 현명한 - 가장 현명한

young - younger - youngest

어린, 젊은 - 더 어린, 젊은 - 가장 어린, 젊은

◉.◉ 잠깐! 비교급, 최상급 만드는 방법

형용사, 부사의 비교급은 -(e)r 이나 more 를 붙여 만들고, 최상급은 -(e)st 나 most 를 붙여 만든다. 불규칙적으로 변화하는 것도 있으니 철자까지 꼼꼼히 암기해 두자.

◈ 규칙 변화

1. 원급 - 비교급(-er / -r) - 최상급(-est)

cold (추운) - colder - coldest

large (큰) - larger - largest

2. 원급 - 비교급(자음 하나 더 붙이고 -er) - 최상급(자음 하나 더 붙이고 -est)

big (큰) - bigger - biggest

thin (가는, 얇은) - thinner - thinnest

3. 원급(자음+y 로 끝나는 경우) - 비교급(y 를 빼고 -ier)

- 최상급(y 를 빼고 -iest)

early (일찍) - earlier - earliest

easy (쉬운) - easier - easiest

4. 원급(2~3 음절 이상) - 비교급(more) - 최상급(most)

expensive (비싼) - more expensive - most expensive

important (중요한) - more important - most important

◈ 불규칙 변화

bad (나쁜) - worse - worst

good (좋은) - better - best

little (양이 적은) - less - least

many (수가 많은) - more - most

much (양이 많은) - more - most

well (건강한, 잘) - better - best

♧♣♧ 13. 접속사

■ 등위접속사

and	그리고
but	그러나
or	또는

■ 종속접속사

while	~ 동안
when	~ 때
before	~ 전
after	~ 후
because	왜냐하면
as	~함에 따라, ~때, ~로서
until	~(할 때)까지
if	만약 ~라면; ~인지 아닌지
whether	~인지 아닌지
that	~(하는) 것

■ 상관접속사

both A and B   A와 B 둘 다

not A but B   A가 아니라 B

either A or B   A 또는 B 둘 중에 하나

neither A nor B   A, B 둘 다 아닌

not only A but (also) B   A뿐만 아니라 B도 또한 역시

B as well as A   A뿐만 아니라 B도 또한 역시

⊙.⊙ 잠깐! 접속사란?

접속사는 단어와 단어, 구와 구, 문장과 문장을 이어주는 연결어이다.
등위접속사는 서로 대등한 것끼리 연결해주고, 종속접속사는 주절에
종속되어 있으면서 시간, 이유, 조건, 양보 등의 의미를 나타낸다.
상관접속사는 서로 상관이 있는 것끼리 짝을 이루어 꼭 함께 써야 하는
것을 말한다.

♣♣♣ 14. 전치사

■ 장소/방향을 나타내는 전치사

in	~안에
in the box	상자 안에
at	~에
at the corner	코너에
on	~위에
on the table	테이블 위에
over	~위에
over the rainbow	무지개 위에
under	~아래에
under the desk	책상 아래에

in front of ~앞에

in front of the post office 우체국 앞에

behind ~뒤에

behind the building 그 빌딩 뒤에

between A and B A 와 B (둘) 사이에

between Mary and Tom 매리와 톰 사이에

among ~사이에 (셋 이상)

among them 그들 사이에

by ~옆에

by the tree 그 나무 옆에

next to ~옆에

next to him 그 옆에

from A to B	A 에서 B 까지
from Seoul to Busan	서울에서 부산까지
into	~안으로
into the box	상자 안으로
out of	~밖으로
out of the classroom	교실 밖으로
through	~통과하여
through the tunnel	터널을 통과하여
up	~위로
go up	위로 가다
down	~아래로
go down	아래로 가다

244

■ 시간을 나타내는 전치사

▶ in + 연도/월/계절 등

in 2050	2050 년에
in 2022	2022 년에
in the 1990s	1990 년대에
in March	3 월에
in June	6 월에
in September	9 월에
in (the) spring	봄에
in (the) summer	여름에
in (the) fall	가을에 (= in autumn)
in (the) winter	겨울에
in the morning	아침에
in the afternoon	오후에
in the evening	저녁에

▶ on + 요일/특정한 날

on Sunday	일요일에
on Monday	월요일에
on Friday	금요일에

on Saturday evening	토요일 저녁에
on Christmas Day	크리스마스날에
on the afternoon of March 2nd	3월 2일 오후에

▶ at + 시간/밤 등

at 5:30	5시 30분에
at night	밤에
at midnight	한밤중에
at Christmas	크리스마스에
at that time	그때

▶ during ~동안 + 특정 기간

during summer vacation	여름방학 동안
during the class	수업 중에 (수업을 하는 동안)
during World War II	2차 세계대전 동안

▶ for ~동안 + 숫자

for two days	이틀 동안
for three hours	세 시간 동안
for ten years	10년 동안

▶ by ~까지 (완료)

finish it by 10	그것을 10시까지 끝내다
complete the work by 9	그 일을 9시까지 완수하다

▶ until ~까지 (계속)

wait here until 10	여기서 10시까지 기다리다
study until midnight	한밤중까지 공부하다

♣♣♣ 15. 전치사 vs. 접속사

■ 전치사+명사(구) vs. 접속사+주어+동사

▶ ~ 때문에: because of vs. because

because of + 명사(구)　　　　　~ 때문에(전치사)

because of <u>the bad weather</u>　　나쁜 날씨 때문에

because + 주어 + 동사　　　　　~ 때문에(접속사)

because <u>it was rainy</u>　　　　비가 왔기 때문에

▶ ~에도 불구하고: despite vs. although / though

despite + 명사(구)　　　　　　~에도 불구하고 (전치사)

despite the bad weather　　　나쁜 날씨에도 불구하고
　　　　　　　　　　　　　　(= in spite of)

although / though + 주어 + 동사 ~에도 불구하고(접속사)

although it was rainy　　　　비가 왔음에도 불구하고

▶ ~하는 동안: during vs. while

during + 명사(구)	~(하는) 동안(전치사)
during the war	전쟁 동안

while + 주어 + 동사	~하는 동안(접속사)
while it is raining	비가 오는 동안

▶ ~하지 않는다면: without vs. unless

without + 명사(구)	~하지 않는다면(전치사)
without studying harder	더 열심히 공부하지 않는다면

unless + 주어 + 동사	~하지 않는다면(접속사)
unless you study harder	더 열심히 공부하지 않는다면 (= if ~ not)

♧♣♧ 16. 관계대명사

▣ 관계대명사 (+불완전한 문장)

▶ who : 선행사는 사람, 주어 역할

the man <u>who</u> is standing 　　　서 있는 그 남자

the girl <u>who</u> has long hair 　　　긴 머리를 가진 소녀

▶ who(m) : 선행사는 사람, 목적어 역할

the singer <u>who(m)</u> I wanted to see　내가 만나고 싶었던 가수

the man <u>who(m)</u> I don't know 　　내가 잘 모르는 사람

▶ whose : 소유격 관계대명사+명사

the woman <u>whose dress</u> is red 　　빨간색 드레스를 입은 여자

the man <u>whose watch</u> was broken 고장 난 시계를 찬 남자

▶ which : 선행사는 사람 이외의 것, 주어/목적어 역할

the dog <u>which</u> has white fur   하얀 털을 가진 개

the table <u>which</u> is made of wood   나무로 만들어진 탁자

▶ what : 선행사를 포함한 관계대명사

show me <u>what</u> you got   네가 가지고 있는 것을 보여줘

= show me <u>the thing that</u> you got

<u>What</u> I know is ~   내가 알고 있는 것은 ~이다

= <u>The thing that</u> I know is ~

▶ that : 사람, 사물에 모두 쓰이는 관계대명사

the girl and the cat <u>that</u> are waiting for you

너를 기다리고 있는 소녀와 고양이

the man <u>that</u> is standing   서 있는 그 남자

the table <u>that</u> is made of wood   나무로 만들어진 탁자

■ **복합관계대명사** (+불완전한 문장)

▶ whoever 누구든지

give it to <u>whoever</u> wants = give it to <u>anyone who</u> wants

원하는 사람 누구든지 그것을 주다

▶ whomever 누구든지

give it to <u>whomever</u> you like = give it to <u>anyone whom</u> you like

네가 좋아하는 사람 누구든지 그것을 주다

▶ whatever 무엇이든지

listen <u>whatever</u> she says = listen <u>anything that</u> she says

그녀가 말하는 무엇이든지 듣다

▶ whichever 어느 것이든지

<u>whichever</u> you choose = <u>anything that</u> you choose

네가 고르는 어느 것이든지

♧♣♧ 17. 관계부사

■ 관계부사 (+완전한 문장)

▶ when : 시간

the time **when** I met him   내가 그를 만났던 시간

the day **when** she was born   그녀가 태어난 날

▶ where : 장소

the place **where** I worked   내가 일했던 장소

the house **where** you lived   네가 살았던 집

▶ why : 이유

the reason **why** I called you   내가 너에게 전화했던 이유

the reason **why** he left   그가 떠난 이유

▶ how : 방법

teach me **how** we solve

= teach me **the way** we solve 우리가 해결할 방법을 가르쳐주다

* 주의 : the way how 는 함께 쓸 수 없다.

■ 복합관계부사 (+완전한 문장)

▶ whenever : (~ 할 때마다) 언제든지

whenever I eat = <u>every time that</u> I eat
내가 먹을 때마다

whenever he teaches = <u>every time that</u> he teaches
그가 가르칠 때마다

▶ wherever : (~ 하는 곳은) 어디든지

wherever I go = <u>any place that</u> I go
내가 가는 곳 어디든지

wherever you want = <u>any place that</u> you want
네가 원하는 곳 어디든지

▶ however : 아무리 ~ 하더라도

however difficult = <u>no matter how</u> difficult
아무리 어렵다고 하더라도

however tired you are = <u>no matter how</u> tired you are
네가 아무리 피곤해도

MEMO

MEMO